内部質保証システムと認証評価の新段階

大学基準協会「内部質保証ハンドブック」を読み解く

企画：公益財団法人 大学基準協会

早田 幸政
工藤 潤 編著

エイデル研究所

はじめに

　大学改革が喧伝され、大学はまさにその渦中にある。グローバル化する社会の中で国内外の様々な変化を見据え、各大学の特性や役割を十分に発揮させるための改革が進んでいる。そうした改革に合わせて、また先行して必要なことの一つこそが、質保証の仕組みである。質保証の重要性はかねてより十分認識されていたが、多様である上に革新的な変化が進む我が国全体の大学を考えると、これまでの画一的な定量評価から脱却し、評価対象大学の使命・目的や教育方針を十分考慮に入れながらその特色を引き出すことができる十全な定性評価の仕組みの導入が重要と考えられる。とりわけ、各大学が設定した「期待される学修成果」を、学生たちが実際にどのように達成し得たかという「学び」の質をアウトカムから判断する観点を中心に据えた大学教育質保証システムに転換することが要請されている。

　そうした要請を踏まえると、教育に関わる組織活動とその成果を大学自身の手で検証し、その結果を踏まえて大学全体の活動上の有効性を高めその活性化を図ることを目的とする「内部質保証」の仕組みを構築・運用することが、今日、各大学に対して求められている。併せて、各大学におけるそうした仕組みの活動上の有効性を検証し、質保証の観点からの評価を行うことが認証評価機関に求められている。アウトカム・ベースの観点から学生の学修到達度を測定し、その営為の繰り返しを通して大学の質保証を行うことは、大学評価におけるグローバルなトレンドともなっている。

　大学基準協会は、各大学の内部質保証の取組を支援することを主たる目的として、内部質保証に関する書面調査と諸理論の整理、２度のアンケート調査とそれを踏まえた幾つかの大学に対する聞き取り調査を経た後、平

成 27（2015）年 7 月、『内部質保証ハンドブック』を刊行した。

　本書は、同「ハンドブック」作成のためのワーキング・グループとして大学基準協会内に設置された「高等教育のあり方研究会 内部質保証のあり方に関する調査研究部会」のメンバーが中心になって執筆されたものである。各執筆者は、同「ハンドブック」の趣旨・目的、基本骨子及びそこで提示された内部質保証の構築・運用に関わる諸提言に対する合意を基礎に据えながら、その執筆担当箇所においては、各人固有の視点から記述を展開している。そして、それぞれの論稿において、執筆者の経歴、職位やその所属組織における役割等の違いに応じ、特色ある主張や意見が提示されている。そうした意見は、内部質保証のあり方に対する意見が多様であることを示すものであるとともに、本「ハンドブック」がガイドライン的な性格のものでありながら、そうした多様な考え方を包摂した柔軟性に基づいて記されたことを意味している。

　本書の諸論稿を一読され、当協会『内部質保証ハンドブック』の行間に隠れた意図も含め、本書を通じて発出したメッセージをできる限りご理解いただければ幸甚至極である。

2016（平成 28) 年 10 月

大学基準協会会長
国立大学法人筑波大学長
永田恭介

内部質保証システムと認証評価の新段階
大学基準協会「内部質保証ハンドブック」を読み解く

第1部
大学基準協会
『内部質保証ハンドブック』の
視座と論点

第2部

大学基準協会『内部質保証ハンドブック』による提言

資料編

大学基準協会『内部質保証ハンド ブック』を読み解くにあたり

早田幸政
Hayata Yukimasa
中央大学

KEY WORD

認証評価／学修（習）成果の測定・評価／三つのポリシー

1 はじめに

　最近、大学関係者から「『内部質保証』は、自己点検・評価のことと理解していたが、そうではないのか」、「『学修（習）成果の測定・評価（ラーニングアウトカム・アセスメント）』は、教育活動を対象とした評価項目の一部にしか過ぎないのに、近頃どうしてその部分ばかりが強調されるようになったのか」というような質問をいただくことが増えている。

　本書は、そうした疑問に答えるべく教育の質保証とその改善・改革の仕組み作りのため、2015（平 27）年 7 月に刊行された大学基準協会『内部質保証ハンドブック』（以下、『ハンドブック』と略記）の趣旨・意義を分かりやすく解説することを大きな目的としている。筆者の担当する本章は、その導入項として位置づけられるものである。

　さて、大学基準協会は、認証評価の活動が第 2 期となる 2011（平 23）年度より、大学の「内部質保証」を重視する方向へと舵を切るとともに、その方針に対応した認証評価システムの改革に着手した。

　我が国政府も高等教育政策を通じ、近年、a）各大学が「内部質保証」の仕掛けを構築しこれを効果的に運用すべきこと、b）認証評価機関は、第三者評価を行うプロセスで、各大学の内部質保証の仕組の機能的有効性を高めるような評価に心掛けること、を再三に亘って求めてきた。

　大学基準協会が公にした『ハンドブック』は、そうした内部質保証の意味・内容とその在るべき姿を明らかにすることによって、これを構築し効果的な運用を期すそれぞれの大学等の参考に供することを目的に編纂されたものである。

　本章では、今なぜ我が国大学に対して「内部質保証」が求められ、その有効性の検証の任を認証評価機関に託そうとしているのか、その理由・背景を確認した上で、『ハンドブック』の編纂の過程において、どのような論議が実際に行われたのかを明らかにする。その上で昨今の法改正を含む政策動向等も見据えつつ、本『ハンドブック』の位置づけ・意義についてささやかな私見を述べていきたい。

② 我が国政府提言や中央教育審議会の諸答申等に見る「内部質保証」の位置づけと「学修成果の測定・評価（ラーニングアウトカム・アセスメント）」

　今日、高等教育を取り巻く環境・条件は、従来にも増して複雑多様に変化している。

　少子化の影響は、高等教育の世界に市場競争原理をもたらし、そこでは学生獲得のための熾烈な競争が展開されている。

　そして、高等教育の役割は、様々な分野における高度な「知」の産出とその共有を促すにとどまらず、地球規模で派生する諸課題に効果的に対処できる人的資源の創出・蓄積と社会への再配分に求められるようになってきた。このような認識の醸成によって、グローバルなレベルでの高等教育の

役割の重要性が一層強調されるようになり、国境を越えた大学間の教育交流や学生移動を円滑化させるための仕組みとして、学位や単位の等価性・透過性を確保するための質保証の仕組みの構築・運用が不可欠的課題となってきた。

　さらに、大学修了者を取り巻く労働市場、雇用環境の変化は、学修（習）成果重視の大学質保証システムの効果的な運用を必要とさせる大きな動因となっている。とりわけ、現時点においても、大学修了者の職場への定着率がはかばかしくないことに加え、科学技術の一層の発展とそれに伴う社会経済構造の絶えざる変化の荒波の中で、既存の職種の消滅と新たな職種の誕生等を含む職種の多様化及びそれに伴う職場環境の変容に柔軟に対応できる知識・能力・技能の修得を学生に促すことが、今日における高等教育機関の基本的責務となっている。

　こうした社会的背景・条件の下、政府の答申・報告書の中で最初に「内部質保証」の用語が登場したのは、2008（平20）年12月の中央教育審議会「学士課程教育の構築に向けて（答申）」である。それに続く中央教育審議会大学分科会「中長期的な大学教育の在り方に関する第1次報告」、同「第2次報告」は、内部質保証概念の輪郭を具体的に提示した。これら答申・報告は、「内部質保証」の特質として、a)「学力到達度」の測定・評価を前提とした学位の質やその通用力の保証、b) 教育の質の向上を目的とするPDCAサイクルが内包された大学の自律的評価システム、c) 大学教育における専門分野別質保証を重視、d) 認証評価を通じた同システムの有効性の確認、の諸点を挙げた（図1参照）。

　そして、2012（平24）年8月の中央教育審議会「新たな未来を築くための大学教育の質的転換に向けて（答申）」は、a) 全学的な教学マネジメントの下、学修成果重視の視点に立った改革サイクルを「内部質保証」のシステムとして位置づけるとともに、b) 認証評価を通じ、こうした内部質保証の効果的運用を担保する必要性、を強調した。その趣旨は、2013（平25）年6月に閣議決定された「第2期教育振興基本計画」でも再確認された。

図1　2008・12 中教審「学士課程答申」と同大学分科会「第1次報告」、「第2次報告」に見る「内部質保証」体制の在り方

第三者評価の視点として、大学で「自己点検・評価など PDCA サイクルが機能し、内部質保証体制が確立」されているかどうかが重要（中教審「学士課程答申」）。

・アメリカでは、アクレディテーションに関し、学生の学修（習）到達達等に関する規定が新設。
・「欧州高等教育圏」では、各国の学位制度を共通の枠組みに整理し、質保証基準により、「内部質保証」と「外部質保証」の実施を要請。
・学位の国際的通用性の観点から、諸外国の質保証制度を注視する必要性。（中教審大学分科会「第1次報告」(2009.6)

・自己点検・評価結果が、教育の質向上に活用される仕組みが「内部質保証」体制。機能的有効性は認証評価が担う。
・「内部質保証」体制では、自己点検・評価を通じ、入学・卒業や教育課程の管理の適切性を確認し、その結果を自己改善に結びつけることが重要。
・評価活動にも参照される基準に関し日本学術会議の分野別質保証に関する検討状況を踏まえる必要性。（同左「第2次報告」(2009.8)

「内部質保証」体制の特質

・学位の質や通用力の保証、学力到達達の評価を重視。
・教育の質向上を目的とするPDCAサイクルに支えられた自己評価システム。
・教育の分野別質保証を重視。
・認証評価（第三者評価）を通じてその有効性の確認。

　このことは、教育の改善・改革サイクルの恒常的な運用を通じ学修（習）成果の向上に努める取組を「内部質保証」と意義付け、認証評価の活用により効果的な内部質保証の仕組みの定着を図ることが、我が国高等教育政策の重要な柱とされるに至ったことを意味している。

　さらに、2014（平 26）年 12 月の中央教育審議会「新しい時代にふさわしい高大接続の実現に向けた高等学校教育、大学教育、大学入学者選抜の一体的改革について（答申）」は、認証評価機関に対し、教育の外形を中心とした既存の評価法を見直し、「学生の学修成果や各大学における成果把握と転換の取組」としての「内部質保証」を対象とした評価へと「評価手法」を改めるよう強く求めた。その趣旨は、2016（平 28）年 3 月の高大接続システム会議「最終報告」であらためて確認された。

③ 大学基準協会『内部質保証ハンドブック』作成の経緯

(1)「内部質保証」に対する大学基準協会の理解

　冒頭で見たように、大学基準協会は、2011（平23）年度より、大学の「内部質保証」を重視するという方針に対応した認証評価システムの改革に着手した。ここでは、そうした方針に沿った同協会の現行「大学基準」及びその解説文書が、「内部質保証」についてどう規定し如何なる説明を行っているかを押えておくこととする。

　「内部質保証」について規定した「大学基準」10は、「大学は、その理念・目的を実現するために、教育の質を保証する制度を整備し、定期的に点検・評価を行い、大学の現況を公表しなければならない」と規定する。

　「大学基準」10の「内部質保証」の意義を明確化したのが、『大学評価ハンドブック』（以下、『評価ハンドブック』と略記）である。同書は、「『内部質保証』とは、PDCAサイクル等の方法を適切に機能させることによって、質の向上を図り、教育・学習その他のサービスが一定水準にあることを大学自らの責任で説明・証明していく学内の恒常的・継続的プロセス」としてこれを定義づけた。この定義づけを見る限りにおいて、内部質保証とは、「教育」と「学習」の効果を高め、高等教育機関としての社会的責任を明らかにすることを目的とした、PDCAの循環サイクルに支えられた質保証のための自律的な学内システムであることが明らかである。しかしその一方で、「大学基準」10に対応させた「大学基準の解説」の該当部分の記述では、「内部質保証システムを十全に機能させるためには、自己点検・評価の客観性・妥当性を高めるための工夫を講じるとともに、自己点検・評価の結果を改善・改革につなげることが重要である」とされ、読み手にとって、「内部質保証」と「自己点検・評価」の関係性の理解に混乱を生起させる可能性を内包した叙述内容となっている。

（2）『内部質保証ハンドブック』の基本的な作成方針と作成の経緯

（a）『内部質保証ハンドブック』の基本的な作成方針

『ハンドブック』の基本的な作成方針を記した文書が、2013（平25）年7月、大学基準協会の理事会で決定された高等教育のあり方研究会「内部質保証のあり方に関する調査研究実施計画書」（以下、「実施計画書」と略記）である。

「実施計画書」は、「内部質保証」に関わる調査・分析の結果を踏まえ、『ハンドブック』を作成・公表するとともに、そのための実施体制として、「高等教育のあり方研究会」の下に「内部質保証のあり方に関する調査研究部会」を置き、所期の目的を達成することを計画した。

大学基準協会が、その時期に、『ハンドブック』の作成・公表を必要と判断した所以について、「実施計画書」は次のように述べている。

> 大学の自律性を尊重しながら自身の手でその質保証を行うよう求めるという大学基準協会の伝統的な姿勢と昨今の国際動向を見据え、認証評価の第2期目より大学評価の基本方針を「内部質保証」の一層の重視へと転換したこと。
>
> 「内部質保証」の実質化を図り、これを大学評価システムに有効に組み込むことが、大学基準協会の大学評価が国際社会において正当性が認められる大きな契機となるとともに、評価の効率を高める上でも極めて重要であること。
>
> 認証評価の第2期目において、「内部質保証」重視の改革を行ったにもかかわらず、認証評価受審大学間での同概念への認識が十分ではなかったこと。
>
> 以上の諸点を踏まえ、大学基準協会が求める「内部質保証の概念、構造を明確にし、各大学の理解を深めその仕組みの構築と有効な運営に資するとともに、それを本協会の大学評価に適切に活かす」必要があること。

「実施計画書」に見る『ハンドブック』の作成・公表に向けた当初の基本方針は、以上のようなものであるが、この中でも特に、a）各大学が「内部質保証」の仕組みを構築するとともに、これを大学評価システムに有効に組み込むことは、大学や大学基準協会が社会的責任を果たす上で必須的課題であること、b）前記「a）」の課題を克服することは、大学評価に関わる国際的潮流とも符合すること、c）大学基準協会が「内部質保証の概念、構造」を明確化することの帰結として、将来的にこれを同協会の認証評価に適用する可能性が示唆されたこと、への十分な留意が必要である。

(b)『内部質保証ハンドブック』作成の経緯

　『ハンドブック』作成方針を示した上記「実施計画書」に基づいて設置された「内部質保証のあり方に関する調査研究部会」（以下、「部会」と略記）は、2013（平25）年10月より始動した。

　始動後、ほどなく、「内部質保証」の在り方に関わるアンケート調査の質問項目、選択肢の原案が作成されその検討が行われた。しかしながら同原案に対しては、a）そこでの質問項目や選択肢の中身が、大学基準協会が「あらかじめ想定した内部質保証の姿」に誘導するようなものとなっている、b）そのため、そこで得られるであろうデータの客観性を担保することは困難である、c）そうした客観性を欠くデータの分析結果を基に「内部質保証の在るべき姿」を提示してもその提言の実効性は期待できない、などとする意見が部会内の大勢を占めるところとなった。このため、まず当初の調査時点にあって、各大学が「内部質保証」を一体どのようなものとして捉え、これを如何に具体的に構築・運用しているかを把握することを目的に、急きょ、自由記述方式によるアンケート様式を作成し各大学に送付した。これが、第1回「内部質保証」現況調査アンケートである。

　本部会は、上記・第1回「内部質保証」現況調査アンケートを通じて得られた情報・データの分析結果を踏まえ、既に原案として作成されていた当初のアンケート調査案に大幅修正を加えた後に、これを各大学へ送付する手続をとった。これが、第2回「内部質保証」現況調査アンケートである。

　その大幅修正の際に、a）第１回アンケート結果を参考とするとともに、その結果を踏まえ、内部質保証に関する大学基準協会の従来の見解に過度に拘束されるのではなくむしろこれに軌道修正を加え柔軟に解釈することも視野に入れること、b）「a)」と関連づけられる事柄として、「内部質保証」の射程を「教育に関する事項」に焦点化すること、とりわけ「学士課程における『教育プログラム』」に照準を当てること、c）「内部質保証」体制構築の条件の一として、大学基準協会が従来より「学修（習）成果」の検証システムの構築を重視してきた経緯に鑑み、そのことがより明確となる内容の調査項目を盛り込むこと、d）以上の点を踏まえ、第２回アンケートの調査項目が「教育の『内部質保証』」であることをしっかりと明記すること、の諸点において部会内部で合意された。

　そして第１回アンケート及び第２回アンケートの結果を基に、かねてより計画されていた訪問調査の実施に着手した。調査対象大学の選定に当っては、a）大学の設置形態・規模、設置されている学部・学科・研究科等の多様性に配慮するとともに、b）中教審の答申等が標榜する「内部質保証」の規格と整合した先進事例の紹介に終始するのではなく、手法の如何を問わず実質的に教育の「内部質保証」に積極的に取り組んでいる大学に焦点を当て、現在直面している課題にどう対処しているかという情報を読者に伝えること、にも十分意を払うこととした。訪問調査の結果については、それぞれの大学を担当した部会委員等の許で訪問調査報告書が作成され、部会の会議で報告がなされた。

　これら一連の手続を経た後、その結果を吟味する作業と並行させて、『ハンドブック』の構成案の確定を行い、これを構成する各章の原案作成の割り振りを部会委員に対して行った。そして、部会に順次上程された原案は、全体を通して部会内部で数次に亘り検討がなされた。そして、部会の親委員会である「高等教育のあり方研究会」で改めて審議がなされた後、2015年４月の理事会で『内部質保証ハンドブック』が承認された。

(3)『内部質保証ハンドブック』の作成過程における論点

　『ハンドブック』作成に係る以上の経緯の中で、書面調査、アンケート調査、訪問調査の結果や経過を踏まえ部会内部で議論が展開された論点のうち、重要と思われる「内部質保証」の目的・意義、「内部質保証」の具体的な在り方、の2点に絞り、次にその議論の要旨を簡潔に示しておきたい。

(a)「内部質保証」の目的・意義

　『ハンドブック』の作成・公表の基本目的は、各大学等に「内部質保証」の構築を促しその効果的運用を促進してもらうことにあった。

　大学基準協会の「大学基準」にも、「内部質保証」に係る項目が設定されている。しかしながら、同協会は、これまでの認証評価の経験の中で、多くの大学の内部質保証が、学内の教育改善システムとして実質的に機能してはいなかったとの認識を抱いてきた。

　それでは、内部質保証が「実質的」に機能するとは一体如何なることなのか。部会内の審議・検討を経て、それが a）学生の学修（習）成果の測定・評価を通じ、教育と学修（習）の質を高めるものであること、b）「a）」を踏まえ、「学生の学修の質を高め量を確保」するための対処策と改善施策の探求のための作用であるとともに、c）それが恒常的な教育の改善・改革につなげることができるものであること、とする点で認識の共有化が図られた。

　そしてそこであらためて、大学基準協会が在るべき内部質保証の仕掛けの構築・運用を各大学等に働きかける所以について、a）内部質保証が有効に機能することが前提とされた「大学評価」の促進、b）教育の「アウトカム」を適切に視野に入れた「大学評価」の実現、c）大学基準協会を含む我が国全体の「大学評価」の国際的通用性の発展・強化、の諸点にあることを確認した。その記述に当っては、「大学基準協会の考える内部質保証の定義や構造」を明確化すべく、その在るべき「内部質保証」の姿を提示することに意を払う一方で、内部質保証のツールや「小道具」の紹介に終始した内部質保証の「ハウツー本」に堕しないよう注意することも併せ確認した。

　なお、「内部質保証」の目的が教育／学修（習）の実質化とその改善向上

にあることに鑑み、大学教員を『ハンドブック』の主たる読み手として想定しながら記述を進めるべきであるとする意見が強かったことも付言する。

（b）「内部質保証」の具体的な在り方

それでは「内部質保証」の在るべき姿を『ハンドブック』中にどう書き込んでいくのか。このことが、『ハンドブック』の作成過程における最も大きな課題であった。ここでは、その問題をいくつかの細部に亘る論点毎に個別に見ていくこととする。

まず第一が、「内部質保証」と「自己点検・評価」の関係性をどう説明するかという問題であった。

この点について、部会内部では、認証評価を受審した大学の多くが両者を混同している理由が、大学基準協会の「大学基準」の表現にそうした誤解を誘引しやすい表現が見られる点（具体的には、「大学基準 10：内部質保証」がこれを「教育の質を保証する制度」と定義づけている一方で、その「解説」の記述は必ずしもそう明言しているようには読み取れないことなど）にあるとする意見が大勢を占めた。大学における内部質保証の対象が広範に及ぶこと（すなわち、教育研究を包含した大学の総体を検証する営為も「内部質保証」の範疇において理解することも排除しないこと）を肯定しつつも、昨今、その重要性が指摘されている「内部質保証」の在り方が教育の質保証にあることを確認した上で、『ハンドブック』では敢えて「教育の『内部質保証』」として、「教育」の語を付加し「内部質保証」の意味を明確に画定することで、上記の内部質保証に係る大学基準「解説」との矛盾・抵触を回避する措置を講じることとした。なお、「内部質保証」の意については、下記に掲げる核となる構成要素を備えている限りにおいて、その解釈の幅に柔軟性をもたせることに対し特段の異論が提起されることはなかった。そうした前提の下、「自己点検・評価」との関係性・異同については、『ハンドブック』中の「提言」部分でその詳細を明らかにすることで合意を見た。

第二が、「内部質保証」の特質を構成する要素のうち、どの要素を強調するのかという問題についてであった。

部会内部の議論の過程では、「内部質保証」の中軸となる要素を、a）改善・改革のための恒常的な循環サイクルを通じ、教育の質、とりわけ学生の学びの質と水準を高めていくことに求めるべきである、b）そのためにも、学生の学修（習）成果の測定・評価という営為が重視されなければならないが、そこでは、学生の学修（習）を促すための手段・方法の探求と実践の営みが大切であることを力説する必要がある、c）その質保証システムの中には、「学習の質と量」を確保するための検証と改善のためのツールが含まれていること、そして何よりも重要なのは、d）大学全体の「内部質保証」における検証・改善システムが、ミクロレベルで営まれている個別の授業実践や学生の学修（習）実体に実質的に連動する仕掛けとして構築・運用されている必要がある、とする点で基本的な合意がなされた。

　第三が、上の第二と関連する事項として、「内部質保証」を実効あるものとしていく上での教学マネジメントの在り方についての問題であった。

　大学全体の「内部質保証」の体制の効果的な確立・運用を、教学マネジメントの視点を抜きに論じることはできない、とする強い意見が主張された。その意見の扱いについては、学長等の教学執行部による教育を対象とした十全なガバナンスの重要性を肯定しつつも、大学教育の現場においてこそ学生の学びの質・水準を高めるための営為が展開されるべきであるという建前に鑑み、現時点において、各教育プログラムや個別の授業を通じた教育／学修（習）の質保証の実質化を担保する手立てとして実効性のある教学マネジメントを位置づけること、そしてそれを何らかの形で『ハンドブック』中に盛り込むことで合意を見た。

　第四も、同じく上の第二と関連する事柄であるが、認証評価にあっては、大学教育の三つの側面である「授業レベル」、「教育プログラムレベル」、「機関レベル」のうちのどのレベルで「内部質保証」の仕掛けが最もよく機能するよう求めるのか、ということが議論の俎上に載った。

　授業レベルにおける教育の実践と学修（習）の実体の質・量の維持に加え、教育プログラムレベルにおいては、各専門領域の学位の水準に相応しい体

系的な教育プログラムの展開を通じ、所期の教育目的・目標に適った付加価値をつけて卒業させるという教育責任を果たすことが求められている。こうしたことを踏まえ、授業レベル、教育プログラムレベルを俯瞰した「内部質保証」の有効性評価を認証評価の対象とすることに対して特段の異論は提起されなかった。それと同時に、こうした授業レベル、教育プログラムレベルでの「学び」の質と水準の維持向上を図る上で機関レベルでの教学マネジメントの役割を否定すべくもないことに加え、これら2つのレベルで営まれるべき教育効果や学修（習）成果の測定・評価の結果を PDCA の循環サイクルの中で改善・改革につなげていく任を機関レベルの「内部質保証」に委ねることの重要性についても大方の合意を見た。

　そして、「内部質保証」の有効性を認証評価の局面で評価するに当っては、上記の「大学教育の三つの側面」で、a）果たして、大学教育の有為性を確保しその一層の改善に効果を発揮できるものとして「内部質保証」の仕組みの構築・運用がなされているか、b）各大学における教育の実質化や社会の要請を見据えた新たなチャレンジを促すものとして、その検証システムが機能しているか、という視点を重視すべきであるとする点でも合意が図られた。

④ 認証評価システムに関する昨今の法改正の動向

　2018（平30）年度より、認証評価制度の運用が第3サイクルに入ることを見据え、2016（平28）年3月、中央教育審議会大学分科会「認証評価制度の充実に向けて（審議まとめ）」が公にされた。

　同「（審議まとめ）」は、大学の内部質保証と認証評価の関係性についても、認証評価に係る制度改正を視野に入れつつ重要な改善策を提示した。すなわちそこでは、a）大学の質保証にあっては、各大学の自主的・自律的な質保証への取組である「内部質保証」が基本であることを踏まえ、認証評価制度を「内部質保証機能を重視した評価制度に転換」する、b）内部質保証の重要な「起点」として位置づけられる「卒業認定・学位授与の方針（ディ

プロマ・ポリシー)」、「教育課程編成・実施の方針（カリキュラム・ポリシー)」、「入学者受入れの方針（アドミッション・ポリシー)」のいわゆる「三つのポリシー」が実効的かつ有機的に関連づけられた大学教育の質的転換に貢献できるよう、大学の取組を促進する評価制度へと認証評価制度を改善・発展させる、c) そうした大学教育の質的転換を図る上で重要なのが、大学教育を通し「何を身に付け、何ができるようになったか」ということである点に鑑み、学位授与の営為とも連結する学生の「学修成果の把握・評価」の手法の評価も、認証評価の対象として位置づける、などとする具体的な改善方向が示された。

　そして、これら提言を踏まえ、2016（平28）年3月31日、大学教育の質的転換を射程に入れた内部質保証の充実・強化を軸とする重要な2つの法改正が行われた。

　そのうちの一つが、上記「三つのポリシー」をターゲットとした学校教育法施行規則の一部改正である。その内容は、a) 大学、学部または学科若しくは課程毎に、「卒業の認定に関する方針」、「教育課程の編成及び実施に関する方針」、「入学者の受入れに関する方針」を策定すること、b)「教育課程の編成及び実施に関する方針」の策定に当り「卒業の認定に関する方針」との一貫性の確保が図られるべきこと、c) 上記「三つのポリシー」を公表すること、d) 大学院については、大学院、研究科・専攻毎に、「入学者の受入れに関する方針」を策定・公表すること、であった（学教法施行規則165条の2、172条の2、これら規定は、2017（平29）年4月1日より施行）。

　そして、他の一つが、「学校教育法百十条第二項に規定する基準を適用するに際して必要な細目を定める省令」（いわゆる「認証評価細目省令」）の一部改正である。同改正では、とりわけ、内部質保証重視の評価へと認証評価のシステム転換を図ることが企図された。具体的には、a) 認証評価の際に用いられる基準である「大学評価基準」中に、上記「三つのポリシー」と「内部質保証」に関する事項を追加すること、b) 内部質保証に関する事項を、認証評価の際の重点的な評価項目として位置づけること、といった内

容の改正がなされた。同改正ではこれらに加え、設置審査後のフォローアップ調査としての性格を有する「設置計画履行状況等調査」（AC）と認証評価の連動性の確保、認証評価機関を対象とする質保証体制の確立等に係る法改正も行われた（これら規定は、2018（平30）年4月1日より施行）。

　こうした学校教育法施行規則及び「認証評価細目省令」に係る法改正の意義は、a）各大学等に対し内部質保証の仕掛けの効果的運用を促し、相互に整合性のとれた「三つのポリシー」に対応した教育上の営為を展開させること、b）そうした活動を行う中で、所期の教育目標の到達度の検証と改善・改革の循環サイクルを通して、人材育成機能の向上を図ること、c）認証評価の軸足を内部質保証の有効性評価に移すことにより、認証評価機関の主たる役割を、高等教育機関の人材育成機能の向上への支援に求めようとしたこと、等の諸点に見出すことができる。今回の法改正の内容及びその趣旨が上述のような意義を有していると理解できる限りにおいて、それは、『ハンドブック』の目指す方向性とも軌を一にしていると考えてよい。

　なお、今回の法改正では、上記改正とは別に、大学設置基準等の一部改正により、「職員」の資質・能力の向上を目的とした研修（SD）の義務化に係る規定が新設された（2017（平29）年4月1日施行）。ここに言う「職員」には事務職員、技術職員に加え、「教授等の教員や学長等の大学執行部」の関係者までもが含まれるものとされている（27文科高第1186号平28.3.31高等教育局長通知）。近年の中央教育審議会の諸答申等では、教育の基本単位を学部・学科等から学位に直結する教育プログラムへと実質的に転換するよう求める中で、学長のリーダーシップの下での教学マネジメントの重要性について頻繁に言及がなされてきた。今回のSD義務化に係る規定の新設もそうした中教審答申等の提言の外縁上においてその意義を理解する必要がある。その意味からも、内部質保証の仕掛けを有為に展開できる学内人材の養成・確保を促進する上で、上記SD義務規定の有効活用が期待できよう。

⑤ むすび──『内部質保証ハンドブック』と 高大接続改革の関係性も視野に入れつつ──

(1) 『内部質保証ハンドブック』の果たす役割

　既に述べた『ハンドブック』作成経緯からも分かるように、本『ハンドブック』は、大学等の内部質保証、とりわけ教育の「内部質保証」の視点を重視し、そのシステムの構築・運用を各大学等に求めている。そこでは、学位に連結する各教育プログラムの「学修（習）成果の測定・評価」とその結果の検証を軸に、改善・改革のための循環サイクルの中で、教育の「実質化」と「学び」の質・水準の向上に向けた効果的な営みが恒常的に実施されることが要請されている。こうした営為を実効的に推進し、その時々の結果に対する周到な吟味を基礎に、学際的・学融合的な全学横断的な教育プログラムの展開等に代表される斬新な教育上の刷新を図る上で教学マネジメントが果たす役割は極めて重要である。

　本『ハンドブック』は、大学基準協会が、内部質保証重視の認証評価の改革に着手する過程で編纂・刊行されたものである。本『ハンドブック』では、各大学等が自律的に「内部質保証」の仕組みを構築する際に、本『ハンドブック』を参考に供することへの「期待」の念が表明されている。もとより、本『ハンドブック』作成の本来の目的は、前記「実施計画書」が言及するように、大学基準協会の「大学評価に適切に生かす」ことにあったことを忘れるわけにはいかない。加えて、昨今の中教審答申等も、認証評価機関に対し、「内部質保証」の有効性評価を通じ、大学の「成果」を評価するという「評価方法」に評価の軸足を移すよう強く求めている。それらの点を考慮に入れると、上記「期待」の文言に、極めて「高度な期待」の要請の意が含意されていることは疑うべくもない。

　既に見たように、内部質保証や「三つのポリシー」に関わる法改正に対応させ、各認証評価機関は、その評価の際に用いる「大学評価基準」の改訂作業を加速化させている。そして『ハンドブック』を既に公にした大学基

準協会について見ると、その改訂作業を経て新たに公にする新「大学評価基準」中に、本『ハンドブック』の趣旨を反映させた記述が相当程度含まれることになろう（大学基準協会の「大学評価基準」の改訂動向については、工藤潤「内部質保証システムの有効性と大学基準協会の役割―むすびにかえて―」（本書147頁以降）を参照されたい）。

さて今日、いずれの大学も、志願者が小・中・高という一貫した教育体系の中で必要な知識・能力と志向性・意欲を育んできたことを前提に、「入学者の受入れに関する方針（アドミッション・ポリシー）」に即して個々の学生の受入れを行うことが建前とされている。アドミッション・ポリシーは、「教育課程の編成及び実施に関する方針（カリキュラム・ポリシー）」、「卒業の認定に関する方針（ディプロマ・ポリシー）」を踏まえるとともに、後2者のポリシーと一体をなすものとして位置づけられ、社会に対しても明らかにされる必要がある。加えて、同ポリシーは、当該大学の教育（学位）プログラム毎に設定された「ラーニング・アウトカム」の達成を高度に期待できる志願者の受入れのための道標として機能し得るものでなければならない。

そして大学は、適切な教学マネジメントの下、上記「三つのポリシー」に対応しなおかつ教育目標の達成に向け構造化・体系化された教育課程における教育／学修（習）を経て、所期の目的に整合する付加価値を身に付けた人材を社会に送り出す責務を担っている。

すなわち、大学は、まず、アドミッション・ポリシーを踏まえ、高等学校卒業時までに育まれた学習指導要領に依拠する「確かな学力」の判定・確認を様々な手段で行うことが要請される。その上で、それぞれの大学における教育（学位）プログラムの基礎となる専門分野毎に汎用的に求められる知識・能力の涵養を図ることを基本に据えて、各学位（教育）プログラムの教育目標に対応した教育的営為の積み重ねの中で、受入れ学生を有為な人材として育て上げ社会に送り出すことが求められているのである（図2参照）。

図2　内部質保証と高大接続改革

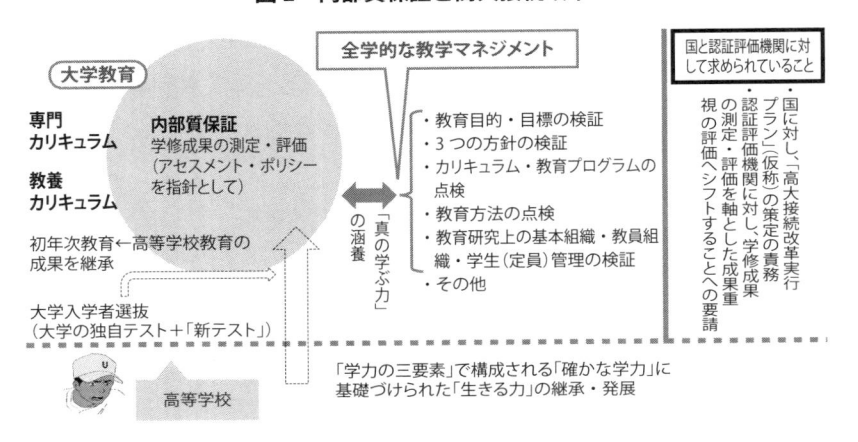

　そうした視点に立脚する限りにおいて、各大学は、多様な入学者選抜考査の結果や高等学校で作成された内申書などを基に行った学生の学力判定を起点に、予め設定した指標等に即し、これら学生の卒業時の仕上がり度を継続的に測定・評価することが必要となる。その一連の営為を系統立てて効果的に実施していく上で、「ラーニング・アウトカム」の達成状況検証のための測定・評価の指針を各学位（教育）プログラム毎に確立することが大切となる。そして、適切な教学マネジメントの重要な一環として構築された「内部質保証」システムの中で、上述のような営みを継続的に展開していくことが教育の「実質化」と「学び」の質・水準の改善・向上を図るために効果的であり、そこにおいても本『ハンドブック』の役割が一層重視されていくものと思われる。

(2)　「内部質保証」、「外部質保証」の分担・協働の進展と
　　　「高等教育資格枠組」

　EU や ASEAN などの地域で先端的に高等教育質保証を行っている国々では、「高等教育資格枠組 (Higher Education Qualifications Framework)」を作成・公表するとともに、これを当該国のアクレディテーション・プロセスで稼働

させている。ここに言う "Qualifications" とは、学位や卒業証明書等 (ディプロマやサーティフィケートなど) を意味する。すなわちそれは、国境を越えた等価的で良質の教育交流の発展を視野に入れ、当該国において学位や卒業証明書の授与に際し、学位・卒業証明書毎にどのような知識・能力・志向性（ラーニング・アウトカム）を身に付けておくことを学生に求めているのかを、国が一覧としてこれを国内外に提示したものである。併せて、高等教育質保証機関が「高等教育資格枠組」をその質保証システムに取り込むことにより、同枠組に依拠しアウトカム評価として大学等が営む「内部質保証」を対象に、その有効性評価を軸としたアクレディテーション活動が展開されているのである。

　今日、「学修（習）成果の測定・評価」を軸とする「内部質保証」と高等教育質保証機関による「外部質保証」を効果的に組み合わせ運用することを通じて、学位等の国際的な等価性を高め、高等教育の改善・改革を図ることを内容とする高等教育質保証の手法が国際的な潮流となっている。各大学が「学修（習）成果の測定・評価」を基本に据えて営む「内部質保証」の有効性評価を認証評価機関の大きな役割として位置づけようとする現下の我が国高等教育政策は、昨今のそうした国際的なトレンドに沿うものである。こうした試みを軌道に乗せていくための次の段階として検討すべきことは、上述した「高等教育資格枠組」の日本版を策定し、これを国内外に公表することではないかと思慮している。それは、諸外国との大学間教育交流の円滑化に資するものであることに加え、同枠組をアウトカム評価の基本的な指標として位置づけることで、ラーニング・アウトカム・ベースの「内部質保証」とその検証の衛に当る「認証評価」の関係性の明確化にも寄与できるものと考える。さらに、内部質保証活動が学位プログラムを単位として有為に行われることが高度に期待されていることの帰結として、日本学術会議のいわゆる「専門分野別参照基準」の活用可能性も漸次改訂を図っていく中で高まっていくものと思われる。

第 1 部

大学基準協会『内部質保証ハンドブック』の視座と論点

内部質保証に関する大学関係者の「現況」認識

田代　守
Tashiro Mamoru
大学基準協会

KEY WORD

内部質保証の定義／ PDCA ／点検・評価／自律（立）的

はじめに

　公益財団法人大学基準協会（以下「JUAA」という。）は、2013 年から翌 2014 年にかけて、わが国の４年制大学を対象に、大学の「内部質保証」に関する調査を行った。２回にわたる悉皆調査と８大学への訪問調査の結果は JUAA 発刊の『内部質保証ハンドブック』（以下『ハンドブック』という）に報告されている（JUAA：2015 年）。本稿はそれら JUAA が行った内部質保証調査のうち、主に第１回目のアンケート調査結果報告をもとに、大学が内部質保証をどのように認識しているのかを再度振り返るとともに部分的にさらに掘り下げ、若干の個人的見解を加えたものである。

第１回アンケートの実施にあたって

　第１回目のアンケートは 2013 年 11 月に、わが国の全大学 768 校を対象に実施した。回答大学数は、国立 57（全体回答数に占める比率

12.5%)、公立 57（同 12.5%）、私立 343（同 75.1%）の計 457 大学で、回答率は 59.5%だった（表 1）。

表 1　第 1 回アンケート回答大学数

		国立	公立	私立	計
受審評価機関	大学基準協会	1	33	218	252
		0.4%	13.1%	86.5%	55.1%
	大学評価・学位授与機構	56	22	2	80
		70.0%	27.5%	2.5%	17.5%
	日本高等教育評価機構	0	0	113	113
		0.0%	0.0%	100.0%	24.7%
	未特定 ※	0	2	10	12
		0.0%	16.7%	83.3%	2.6%
計		57	57	343	457
		12.5%	12.5%	75.1%	100.0%

※「未特定」とは、複数機関に〇を付したり、未回答のため、受審評価機関を特定できなかった大学。

　アンケートは、「内部質保証」の有効な事例の探索を主たる目的としていたが、その前提として、各大学において「内部質保証」がどのように解釈されているのかを把握する質問も設けた。それは、調査部会が調査を進め、最終的に大学関係者に向けて有益な情報を包摂した『ハンドブック』を取りまとめるにあたって、対象者である大学が「内部質保証」について共通認識を持ち得ているか確認する必要があったからである。

　JUAA は 2011 年度大学評価より、申請大学自身の内部質保証を一層重視する方向に舵をきった。具体的には、従来学部研究科ごとに設けていた専門評価分科会を廃し、評価基準に「内部質保証」の項を立てるとともに、主要事項ごとに当該大学が「定期的な検証を行っているか」を確認するしかけをつくり、大学自身に自己検証を求める姿勢を明確にした。そして大学評価の実務的マニュアルである『大学評価ハンドブック』本文中に「内部質保証とは」と題する解説を起こし、「『内部質保証』とは、PDCA サイクル等の方法を適切に機能させることによって、質の向上を図り、教育・

学習その他のサービスが一定水準にあることを大学自らの責任で説明・証明していく学内の恒常的・継続的プロセス」であると定義づけた。

　大学自身が質の向上とその保証に努めることは、自主性・自律性を最大限尊重されるべき大学（「教育基本法」第7条第2項）として当然に求められることであるし、大学の質保証を巡る国際的な潮流に合致したものである（INQAAHE「Guidelines of Good Practice in Quality Assurance」）。何より「会員の自主的努力と相互的援助によって、わが国における大学の質的向上を図る」ために設立されたJUAA（「定款」第3条）としては、自らが行う大学評価が各大学の内部質保証の上に築かれることは、極めて合目的的であった。

　しかしながら、こうして臨んだ第2期目の認証評価において、JUAAは、およそ1／3もの大学に対し「内部質保証」に勧告もしくは問題点の指摘を付けるに至った（2011〜2014年度の場合、申請151大学のうち50大学に勧告もしくは問題点を指摘）。また、残りの7割の大学についても、全てが内部質保証を十分に機能させているというわけではなく、内部質保証の浸透はJUAAの大きな課題となっていた。

　だからこそ、内部質保証に関わる有益な取組みをすくいとるとともに、各大学の内部質保証に対する認識そのものを確認する必要があったのである。

大学は「内部質保証」をどのように概念づけているか

キーワードの抽出

　上述の経緯により、アンケートでは大学に設置者や受審認証評価機関などその属性を尋ねたのち、まず「貴大学では『内部質保証』をどのようなものとして捉えていますか。貴大学が考える『内部質保証』を具体的に説明して下さい」という質問を行った。選択肢を設けず自由記述を求めたため、回答は極めて多岐にわたったが、アンケート回答を読み進

めるうちに、回答文中で何回も使用される語（ニュアンスが共通するものを含む。）がいくつか浮かび上がってきた。そこで、そうした語をキーワードとして調査部会の任意により抽出し、それぞれの数を集計して意味を考察することとした。

　キーワードとして拾ったのは、「（自己）点検・評価」、「PDCA」、「継続的」、「自律（立）的」、「改善」、「保証」などの語である。

「（自己）点検・評価」

　類似する表現群（自己点検・評価、点検・評価、自己評価、評価点検、検証・評価、評価 など）とあわせて、全回答の64.6％の大学が使用した。多くが「点検・評価を中心に」あるいは「点検・評価の結果をもとに改善に努め」、「点検・評価の結果を公表し」などの文脈で使用し、内部質保証を形成する重要な営為の一と捉えられている。ただし、なかには「内部質保証とは自己点検・評価を機能させること」などと、内部質保証を自己点検・評価の単なる別称であるかのような記述も散見された点にも留意が必要である。

「PDCA」

　全回答の28％が使用した。「点検・評価を中心にPDCAサイクルを回し」、「PDCAサイクルが機能した自己評価システム」など、「点検・評価」とともに使用されることが多い（全回答の17.3％）。

「継続的」

　類似する表現群（永続的に、恒常的に、不断に、あるいは〜し続け、常に など）とあわせて、全回答の24.5％が使用した。「PDCAサイクルを恒常的に機能させ」、「PDCAを回し続け」など、「PDCA」とともに使用される例が散見された（全回答の8.8％）。

「自律（立）的」

　類似する表現群（自らの責任で、自らが、主体的に など）とあわせて、全回答の31.9％が使用した。

> 「改善」
>
> 　類似する表現群（向上、改革、発展 など）とあわせて、全回答の70.5%が使用した。
>
> 「保証」
>
> 　類似する表現群（確保、説明、証明など）とあわせて、全回答の49.2%が使用した。「改善とともに保証」、あるいは「改善していることを保証」、「改善することにより保証」など、「改善」と「保証」は併用されることも多い（全回答の36.1%）。

　当然ながら上記以外にも多種多様な語が用いられていたわけだが、多くの大学は、これらの語（あるいはこれらに近い意味の語）を組み合わせてそれぞれの内部質保証を定義化したのである。

キーワードの使用分布 ―認証評価機関ごとの違い―

　これら6つのキーワードの使用分布を集計してみたところ、当該大学がどの認証評価機関で評価を受けたかと相応の対応関係が認められることがわかった。

　すなわち、ごく大雑把には、JUAA受審大学の多くは、内部質保証を、「点検・評価を含んだPDCAを通じて継続的・自律的に質を改善するもの」ととらえ、大学評価・学位授与機構（現在の大学改革支援・学位授与機構。以下「NIAD-UE」という）受審大学は、「点検・評価によって自律的に質を改善するとともに保証するもの」ととらえ、日本高等教育評価機構（以下「JIHEE」という。）受審大学はこれをより多様な概念でとらえていた、といえる。

　関係するグラフを並べてみよう（図1）。

　これらの傾向は、各評価機関が行っている内部質保証の定義が影響を与えているように思える。内部質保証を定義化しているのはJUAAとNIAD-UEである。両者の定義を見てみよう。

図 1

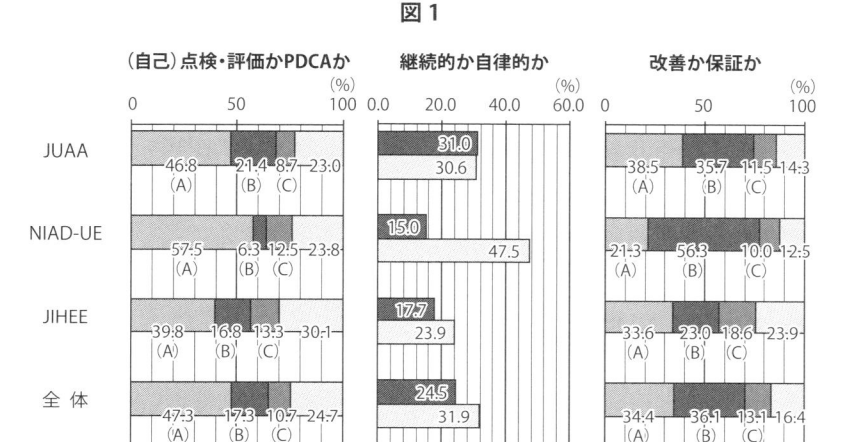

> **JUAA：**PDCA サイクル等の方法を適切に機能させることによって、質の向上を図り、教育・学習その他のサービスが一定水準にあることを大学自らの責任で説明・証明していく学内の恒常的・継続的プロセス（JUAA『大学評価ハンドブック』）
>
> **NIAD-UE：**「高等教育機関が、自らの責任で自学の諸活動について点検・評価を行い、その結果をもとに改革・改善に努め、これによって、その質を自ら保証すること」（NIAD-UE『高等教育に関する質保証関係用語集第三版』）
>
> **JIHEE：**NIAD-UE と同じ（JIHEE『評価に関わる用語集』（「平成 28 年度大学機関別認証評価 受審のてびき」）

　JUAA の定義で特徴的なのは、PDCA と恒常的・継続的という語を用いているところであり、NIAD-UE の定義で特徴的なのは、JUAA 定義にある PDCA、恒常的・継続的という語を用いず点検・評価という語を使用して

いるところである。アンケート結果の各評価機関受審大学は、それに呼応するように、JUAA 受審大学の多くは PDCA や継続的、自律的という語を、NIAD-UE 受審大学の多くは点検・評価や自律的という語を、それぞれ選んで内部質保証を定義する傾向にある。中には、各機関の定義をそのままコピーペーストして回答してくる大学もあり、内部質保証に対する大学の考え方に与える認証評価機関の影響力の強さが認識できる。

質の改善と保証

一点、説明が困難なのが、「改善」及び「保証」である。両評価機関とも定義上、内部質保証は質の向上と説明・証明（JUAA）、あるいは質の改革・改善と保証（NIAD-UE）であるとしている。しかしアンケート結果では、改善・保証を併記したパターンが多いものの、改善のみあるいは保証のみと答えたケースも相応にあり、とりわけ「内部質保証」の定義を尋ねているのに「保証」よりも「改善」と答えた方が多い点は注目される（図１「改善か保証か」で、いずれの評価機関の被評価大学も (A)+(B) ＞ (B)+(C) である）。

この事象の原因を特定するのは難しいが、おそらく多くの大学にとって、質の保証よりも質の改善の方が、インセンティブがはたらくからではないか。評価機関（筆者は JUAA の事情しか把握していないが）にとっても、「内部質保証」は大学自身の改善のため、と説明した方が、大学の質を保証するため、と説明するよりも大学を動かすのに説得力がある印象を持っている。とはいえ、十全な内部質保証の構築には文字通り「保証」の観点も極めて重要で、認証評価第２期以降、評価機関が、多種多様なエビデンスを求めるようになったのは周知の通りである。また、昨今の国内外大学間競争の激化をみても、「質の向上」同様「質の保証」も大学に対して強く求められている。

他のキーワード

　なお、今まで見てきた6つのキーワード以外にも、「大学の理念・目的」であるとか「社会的要望」というフレーズが相応の頻度で使われていることも注目される。例えば「大学の理念・目的を達成するために〜改善に努めること」「社会的要望にこたえるために〜改善し保証すること」といった使われ方である。『ハンドブック』20頁に紹介している通り、「大学の理念・目的」については私立大学（37.9％）に、「社会的要望」については公立大学（17.5％）に多く見られた。それぞれ私立大学、公立大学の設立理念が、大学の改善行動の大きな動機づけになっていることが理解できる。

内部質保証は何の質を保証するのか

　ところで、アンケート受付中、協力大学担当者十数名より照会いただいた事項があった。それは「ここでいう内部質保証の質とは教育の質のことか、それとも大学全体の質のことか」ということである。本アンケートは前述の通り、各大学が内部質保証のことをどのように認識しているかを大掴みに把握することも目的の一としていたので、その都度、「どちらの質のことと捉えるか、それ自体を大学ご自身で判断してお答えいただきたい」という意味の返答を行った。確かに同じ内部質保証でも、ここでいう質が教育なのか大学全体なのかで司る責任者も組織も仕組みも内容も変わってくる。

　ちなみに教育施策の動向を象徴的に文章化している大学審議会あるいは中央教育審議会の答申では、20世紀末より大学の質の確保の必要性に触れるようになっていた。当初より「卒業生の質の確保を図ることが必要である」（「平成12年度以降の高等教育の将来構想について（答申）」（1997年1月29日））と、今でいう学習成果の重要性は強調されていたが、8年後の「我が国の高等教育の将来像（答申）」（2005年1月28日）では、「保証されるべき『高等教育の質』とは、教育課程の内容・水準、学生の質、

教員の質、研究者の質、教育・研究環境の整備状況、管理運営方式等の総体を指す」、12 年後の「中長期的な大学教育の在り方に関する第一次報告」（2009 年 6 月 15 日）では、「最終的に保証されるべきは、学生の学びの質と水準である」と変遷している。そういう経緯もあり、この件に関し実際の回答でどのような分布をみせるか興味深いものがあった。

　集計の結果、教育の質と限定したのは全体の 24.9％であり、教育を含めた大学の諸要素（研究・社会貢献・教員組織・施設設備など）の質としたのは 43.8％となった（1 件のみ「経営管理の質」と回答した）。そして「学位の質」と読み取れる記述が認められたのは、全体の 7 ％（35 件）であった。

　なお、これを受審評価機関別で見てみると、NIAD-UE 受審大学は、教育の質に限定した割合が 17.5％に留まるのに対し、大学全体の質と回答した割合が 58.8％に上った。JIHEE 受審大学は、教育の質に限定した割合が 36.3％に対し、大学全体の質と回答した割合の方が少なく 31.0％であった（図 2）。

図 2　内部質保証の定義 2（質とは何か）

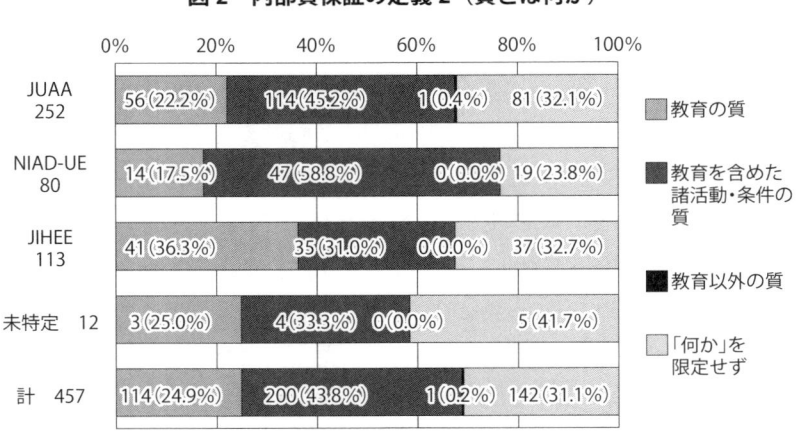

　前述した照会のほとんどが国立大学からなされたことを考えると、国立

大学にとって保証しなければならない質が、教育だけではなく大学の営為全般の質であると強く意識されていることがわかる。また、同アンケートで内部質保証を何に役立てているかを訊いた問いで、国立大学の 26.3% が法人評価に結びつけていると答えていることからも、国立大学にとって法人全体の質保証が重要な意味をもっていることが理解できる。

内部質保証 ── 定義と実態の関係

　さて、各大学の内部質保証に関わる定義は、実際の教育上の取組みに何らかの影響を持つのであろうか。本調査では、第 2 回目に行ったアンケートにおいて、内部質保証に関わる各種要素のうち、教育内容を検証するためにどのような取組みを行っているのか、プログラムレベル、個々の授業レベル、大学全体のレベルごとに選択肢化して問うている。つまりそれら選択肢が内部質保証を有効なものにする取組みの例ともいえる（『ハンドブック』26 〜 48 頁参照）。そこで、本項で取り上げた内部質保証を定義するキーワードと、第 2 回目で尋ねた検証取組みとをクロス集計にかけてみた。

　まずは、本項で紹介したキーワード全て、すなわち「（自己）点検・評価」、「PDCA」、「継続的」、「自律的」、「改善」、「保証」を定義文に盛り込んでいた大学とそれ以外の大学とで、教育プログラムの検証取組みの実施状況に差があるか見てみたい（表 2 〜 4）。なお、第 1 回目と第 2 回目のアンケート両方とも回答のあった大学は 329 校であり、以下の集計情報も 329 を母数としていることを確認しておく。

　全 329 サンプルのうち、6 つのキーワード全てを含んだ定義文を回答したのはわずか 8 大学、それに対しそれ以外の大学は 321 であり、紹介した集計が有意なものか判じるのは難しい。しかし、若干の例外はあるものの、両者には差が出ている。

　定義文に全キーワードを網羅した大学は、一部を除きほぼ全ての取組みにおいて、それ以外の大学よりも実施率が高くなっている。つまり多くの言を

表2 「教育プログラムの検証」実施率

検証するための取組み	内部質保証の定義内容	実施数（常時実施及び一時実施）(a)	回答数(b)	実施率(a/b)
学生の学修経験の蓄積（学習ポートフォリオや学生カルテ等）に基づく検証	定義に点検・PDCA・継続・自律・改善・保証が全て入っている大学	7	8	87.5%
	それ以外の大学	158	321	49.2%
学修評価の観点や基準（学修評価指標、ルーブリック等）の設定とその活用	定義に点検・PDCA・継続・自律・改善・保証が全て入っている大学	3	8	37.5%
	それ以外の大学	121	321	37.7%
GPAデータの収集・分析	定義に点検・PDCA・継続・自律・改善・保証が全て入っている大学	7	8	87.5%
	それ以外の大学	197	321	61.4%
シラバスの点検	定義に点検・PDCA・継続・自律・改善・保証が全て入っている大学	7	8	87.5%
	それ以外の大学	281	321	87.5%
各種学生調査の実施	定義に点検・PDCA・継続・自律・改善・保証が全て入っている大学	7	8	87.5%
	それ以外の大学	278	321	86.6%
卒業生に対するアンケートの実施	定義に点検・PDCA・継続・自律・改善・保証が全て入っている大学	5	8	62.5%
	それ以外の大学	190	321	59.2%
雇用先アンケートの実施	定義に点検・PDCA・継続・自律・改善・保証が全て入っている大学	1	8	12.5%
	それ以外の大学	112	321	34.9%
当該分野の専門家による外部評価	定義に点検・PDCA・継続・自律・改善・保証が全て入っている大学	3	8	37.5%
	それ以外の大学	108	321	33.6%
その他（独自の取組み）	定義に点検・PDCA・継続・自律・改善・保証が全て入っている大学	2	8	25.0%
	それ以外の大学	59	321	18.4%

表3 「個々の授業の内容・方法の検証」実施率

検証するための取組み	内部質保証の定義内容	実施数（常時実施及び一時実施）(a)	回答数(b)	実施率(a/b)
学生の学修経験の蓄積（学習ポートフォリオや学生カルテ等）に基づく検証	定義に点検・PDCA・継続・自律・改善・保証が全て入っている大学	8	8	100.0%
	それ以外の大学	144	321	44.9%
学修評価の観点や基準（学修評価指標、ルーブリック等）の設定とその活用	定義に点検・PDCA・継続・自律・改善・保証が全て入っている大学	3	8	37.5%
	それ以外の大学	125	321	38.9%
シラバスの点検	定義に点検・PDCA・継続・自律・改善・保証が全て入っている大学	7	8	87.5%
	それ以外の大学	277	321	86.3%
授業評価アンケート結果の検証	定義に点検・PDCA・継続・自律・改善・保証が全て入っている大学	8	8	100.0%
	それ以外の大学	297	321	92.5%
教員相互による授業参観の実施	定義に点検・PDCA・継続・自律・改善・保証が全て入っている大学	8	8	100.0%
	それ以外の大学	237	321	73.8%
その他（独自の取組み）	定義に点検・PDCA・継続・自律・改善・保証が全て入っている大学	3	8	37.5%
	それ以外の大学	42	321	13.1%

表4 「学士課程教育の全学的検証」実施率

検証するための取組み	内部質保証の定義内容	実施数（常時実施及び一時実施）(a)	回答数 (b)	実施率 (a/b)
教育プログラムレベル・授業レベルにおける検証システムの有効性に関する全学的検証（メタ評価）	定義に点検・PDCA・継続・自律・改善・保証が全て入っている大学	5	8	62.5%
	それ以外の大学	82	321	25.5%
学修評価の観点や基準（学修評価指標、ルーブリック等）の全学的な設定とその活用	定義に点検・PDCA・継続・自律・改善・保証が全て入っている大学	2	8	25.0%
	それ以外の大学	87	321	27.1%
IRのための組織の活用	定義に点検・PDCA・継続・自律・改善・保証が全て入っている大学	5	8	62.5%
	それ以外の大学	108	321	33.6%
教員を対象とした教育業績評価の実施	定義に点検・PDCA・継続・自律・改善・保証が全て入っている大学	5	8	62.5%
	それ以外の大学	171	321	53.3%
教育開発やFDに関する専門家の配置	定義に点検・PDCA・継続・自律・改善・保証が全て入っている大学	4	8	50.0%
	それ以外の大学	81	321	25.2%
学生からの組織的な意見聴取	定義に点検・PDCA・継続・自律・改善・保証が全て入っている大学	6	8	75.0%
	それ以外の大学	215	321	67.0%
学外者からの組織的な意見聴取	定義に点検・PDCA・継続・自律・改善・保証が全て入っている大学	4	8	50.0%
	それ以外の大学	125	321	38.9%
大学全体に対する外部評価	定義に点検・PDCA・継続・自律・改善・保証が全て入っている大学	6	8	75.0%
	それ以外の大学	209	321	65.1%
その他（独自の取組み）	定義に点検・PDCA・継続・自律・改善・保証が全て入っている大学	0	8	0.0%
	それ以外の大学	23	321	7.2%

尽くして内部質保証の定義化を行っている大学ほど、内部質保証の取組みにも熱心だといえる。ただし、表には示さなかったが、各取組みの改善への寄与率は、必ずしも両大学群で差があるわけではなく、各種取組みに熱心だからといってそれが直ちに改善に結びついているわけではないようである。

　それでは、6つあるキーワードのうち、どの語を用いた大学がどの取り組みに厚く対応しているのであろう。

　表5～7で見る限り、「PDCA」と「自律（立）的」という語を用いた大学は、一部の例外を除き内部質保証の各種取組みにも熱心である。大学が内部質保証を定義するのに用いた語と実際の内部質保証の取組みとの間にどのような要素が影響して対応関係を成したのか不明である。しかし、6つのキーワードのうち、アンケートで浮かび上がってきたこの2つの語について、少し考えてみたい。

表5 「教育プログラムの検証」実施率

検証するための取組み	定義のための キーワード	実施数(常時 実施及び一時 実施)(a)	回答数 (b)	実施率 (a/b)
学生の学修経験の蓄積 (学習ポートフォリオや学生 カルテ等)に基づく検証	点検・評価	105	215	48.8%
	PDCA	52	95	54.7%
	継続的	37	88	42.0%
	自律(立)的	60	109	55.0%
	改善	122	242	50.4%
	保証	79	159	49.7%
学修評価の観点や基準 (学修評価指標、ルーブリック 等)の設定とその活用	点検・評価	86	215	40.0%
	PDCA	38	95	40.0%
	継続的	27	88	30.7%
	自律(立)的	47	109	43.1%
	改善	96	242	39.7%
	保証	61	159	38.4%
GPAデータの収集・分析	点検・評価	127	215	59.1%
	PDCA	59	95	62.1%
	継続的	53	88	60.2%
	自律(立)的	69	109	63.3%
	改善	150	242	62.0%
	保証	100	159	62.9%
シラバスの点検	点検・評価	188	215	87.4%
	PDCA	85	95	89.5%
	継続的	76	88	86.4%
	自律(立)的	97	109	89.0%
	改善	211	242	87.2%
	保証	140	159	88.1%
各種学生調査の実施	点検・評価	186	215	86.5%
	PDCA	84	95	88.4%
	継続的	72	88	81.8%
	自律(立)的	96	109	88.1%
	改善	212	242	87.6%
	保証	138	159	86.8%
卒業生に対する アンケートの実施	点検・評価	125	215	58.1%
	PDCA	52	95	54.7%
	継続的	51	88	58.0%
	自律(立)的	64	109	58.7%
	改善	142	242	58.7%
	保証	95	159	59.7%
雇用先アンケートの実施	点検・評価	69	215	32.1%
	PDCA	31	95	32.6%
	継続的	22	88	25.0%
	自律(立)的	39	109	35.8%
	改善	84	242	34.7%
	保証	57	159	35.8%
当該分野の専門家による 外部評価	点検・評価	72	215	33.5%
	PDCA	36	95	37.9%
	継続的	33	88	37.5%
	自律(立)的	42	109	38.5%
	改善	82	242	33.9%
	保証	58	159	36.5%
その他(独自の取組み)	点検・評価	40	215	18.6%
	PDCA	17	95	17.9%
	継続的	15	88	17.0%
	自律(立)的	21	109	19.3%
	改善	44	242	18.2%
	保証	25	159	15.7%

表6 「個々の授業の内容・方法の検証」実施率

検証するための取組み	定義のための キーワード	実施数（常時 実施及び一時 実施）(a)	回答数 (b)	実施率 (a/b)
学生の学修経験の蓄積 （学習ポートフォリオや 学生カルテ等）に基づく検証	点検・評価	92	215	42.8%
	PDCA	49	95	51.6%
	継続的	41	88	46.6%
	自律（立）的	52	109	47.7%
	改善	108	242	44.6%
	保証	76	159	47.8%
学修評価の観点や基準 （学修評価指標、ルーブリック 等）の設定とその活用	点検・評価	86	215	40.0%
	PDCA	40	95	42.1%
	継続的	28	88	31.8%
	自律（立）的	46	109	42.2%
	改善	100	242	41.3%
	保証	61	159	38.4%
シラバスの点検	点検・評価	184	215	85.6%
	PDCA	85	95	89.5%
	継続的	75	88	85.2%
	自律（立）的	95	109	87.2%
	改善	209	242	86.4%
	保証	136	159	85.5%
授業評価アンケート結果の 検証	点検・評価	200	215	93.0%
	PDCA	91	95	95.8%
	継続的	79	88	89.8%
	自律（立）的	105	109	96.3%
	改善	226	242	93.4%
	保証	149	159	93.7%
教員相互による授業参観の 実施	点検・評価	154	215	71.6%
	PDCA	69	95	72.6%
	継続的	68	88	77.3%
	自律（立）的	85	109	78.0%
	改善	184	242	76.0%
	保証	122	159	76.7%
その他（独自の取組み）	点検・評価	30	215	14.0%
	PDCA	17	95	17.9%
	継続的	15	88	17.0%
	自律（立）的	17	109	15.6%
	改善	35	242	14.5%
	保証	22	159	13.8%

表7 「学士課程教育の全学的検証」実施率

検証するための取組み	定義のためのキーワード	実施数（常時実施及び一時実施）(a)	回答数(b)	実施率(a/b)
教育プログラムレベル・授業レベルにおける検証システムの有効性に関する全学的検証（メタ評価）	点検・評価	55	215	25.6%
	PDCA	35	95	36.8%
	継続的	25	88	28.4%
	自律(立)的	32	109	29.4%
	改善	61	242	25.2%
	保証	36	159	22.6%
学修評価の観点や基準（学修評価指標、ルーブリック等）の全学的な設定とその活用	点検・評価	61	215	28.4%
	PDCA	31	95	32.6%
	継続的	16	88	18.2%
	自律(立)的	31	109	28.4%
	改善	66	242	27.3%
	保証	40	159	25.2%
IRのための組織の活用	点検・評価	70	215	32.6%
	PDCA	36	95	37.9%
	継続的	34	88	38.6%
	自律(立)的	39	109	35.8%
	改善	84	242	34.7%
	保証	56	159	35.2%
教員を対象とした教育業績評価の実施	点検・評価	114	215	53.0%
	PDCA	56	95	58.9%
	継続的	52	88	59.1%
	自律(立)的	62	109	56.9%
	改善	127	242	52.5%
	保証	86	159	54.1%
教育開発やFDに関する専門家の配置	点検・評価	61	215	28.4%
	PDCA	27	95	28.4%
	継続的	22	88	25.0%
	自律(立)的	35	109	32.1%
	改善	63	242	26.0%
	保証	45	159	28.3%
学生からの組織的な意見聴取	点検・評価	141	215	65.6%
	PDCA	68	95	71.6%
	継続的	51	88	58.0%
	自律(立)的	74	109	67.9%
	改善	159	242	65.7%
	保証	105	159	66.0%
学外者からの組織的な意見聴取	点検・評価	82	215	38.1%
	PDCA	40	95	42.1%
	継続的	27	88	30.7%
	自律(立)的	49	109	45.0%
	改善	89	242	36.8%
	保証	71	159	44.7%
大学全体に対する外部評価	点検・評価	144	215	67.0%
	PDCA	65	95	68.4%
	継続的	60	88	68.2%
	自律(立)的	75	109	68.8%
	改善	156	242	64.5%
	保証	105	159	66.0%
その他（独自の取組み）	点検・評価	15	215	7.0%
	PDCA	9	95	9.5%
	継続的	6	88	6.8%
	自律(立)的	9	109	8.3%
	改善	16	242	6.6%
	保証	9	159	5.7%

「PDCA」

　第1回目のアンケートでは、「内部質保証を実際に役立つものとするために、どのような取り組みや工夫等を行っていますか」との問いを設け、各大学における内部質保証の具体的な営為を尋ねている。回答は極めて多岐にわたったが、『ハンドブック』25頁に記したとおり、全体の4割強が、計画立案から実行、点検・評価、次期計画への反映など、各大学が考える内部質保証の手順を示していた。これはすなわち内部質保証をPDCAプロセスの機能化と理解していることに他ならない。このように潜在的には多くの大学が内部質保証のイメージをPDCAプロセスと重ねあわせているものの、内部質保証の定義上で「PDCA」という語を用いた大学は全体の1／4程度に留まっている。内部質保証の手法は、PDCAサイクルを回すことだけでは必ずしもない。しかしながら、しっかりとした計画や目標を立て、その実現を目指して努力し、実体に即して見直し、目指すべきところを向上させていく、こうした営為の着実な積み重ねは内部質保証の核である。その認識に基づいて、例えば「適正な計画あるいは目標とはどのようなものなのか」、「どうしたらその計画を実現できるのか」、「計画がどの程度実現しているのか確認するにはどうしたらよいのか」、「確認の結果得られた結論を次につなげるにはどうしたらよいのか」、これらのことを丹念に検討していけば、実を結ぶような内部質保証の取組みに近づけるのではないだろうか。

「自律（立）的」

　PDCAを機能させるのが内部質保証の核だとして、問題はそれをどこに構築するかである。それが「自律（立）的」という語に明示されている。内部質保証の「内部」とはもちろん大学内部のことであり、内部質保証とは、ごく平易に表現すると、大学自身による質保証ということである。この点を理解してか、全体では31.9%の大学が、内部質保証とは、自律（立）的に、自らの責任で行うものだとの定義づけを行っている。そして、この

「自らの責任で」という点こそ、内部質保証が社会より求められている鍵ではないだろうか。

　なぜ、大学は自らの責任で質を改善し、保証しなければならないのだろうか。小稿のおわりに、そのことを考えてみたい。

なぜ内部質保証が必要なのか
─ 大学が自らの責任で改善・保証する意味

　わが国において大学は、憲法に保障された学問の自由のもと、いわゆる大学の自治によって守られている。教育基本法でも「自主性、自律性その他の大学における教育及び研究の特性が尊重されなければならない」との定めにより自律性が担保されている。もとより法律に定められていようがいまいが、大学が知を司り教育を行う場所である以上、知や教育が何ものからも自由であるのと同様に、大学は自由でなければならない。大学は大学であるが故にその自主性、自律性が尊重されることを約束されているのだ。ましてや大学は学位授与権を許された高度の公共教育機関である。与えられた自主性、自律性を享受するだけでなく、これを自ら守る必要がある。自由であることには責任を伴うものである。

　しかも、現在、大学には社会から厳しい目が向けられている。

　わが国では、大学設置基準の大綱化（1991 年）以降、大学設置に関わる各種要件の弾力化が進み、また財政難が深刻化する 21 世紀初頭に国策が規制緩和へと大きく傾斜する中で、2003 年には設置審査の準則化とともに大学設置の抑制方針が原則撤廃されるに至った（「大学設置認可に関する基礎資料」（文部科学省中央教育審議会大学分科会（第 71 回 平成 20 年 10 月 29 日）資料）。

　大学の数が増加する一方、期待された大学進学率も頭打ち、社会人学生や留学生も大幅な増加がないなかで 18 歳人口は急減期を迎え、わが国は大学入学志願者数よりも大学入学定員数の方が多くなるいわゆる大学全入

時代に突入している。この状況下において、学生受け入れ時の学力チェック体制が機能不全を起こし、義務教育の内容を補習させる大学が出来するに及んでは、800 近くある大学において全てが高等教育機関にふさわしい学位を授与できているとは、とても確言できない事態となっている。

今や多くの大学にとって、かつて胸を張って打ち振られていた「学府」のイメージは風前の灯である。

この状況を解決するには何よりも大学自身の努力が必要である。自主性、自律性の担保された大学であるからこそ、大学自身が質をより向上させ、保証しなければならない。

大学に内部質保証が求められるのは以上の文脈上にある。内部質保証は、大学が本来有している権利であり責任に付随するものである。

しかしながら現在、内部質保証は外圧（例えば JUAA のような認証評価機関や文部科学省）によって取り組まねばならぬよう押し付けられた責務であるかのように受け取られているのではないか。認証評価を人質にとられ、仕方なくかたちを整えようとしているだけなのではないか。

それでは自律的な質保証ではなく他律的な質保証だ。

アンケートの結果を見てほしい。内部質保証を自らの責務であると前向きに捉え、自らを向上させようとする大学は、それなりの効果を有する取組みを遂行することができている。内部質保証を他律的なものと捉えず、自律的なものと認識する大学は、自らを良くしていくことができるのだ。余談であるが、筆者が内部質保証の重要性を説明するときにしばしば挿入する話がある。すなわち、質保証は医療や教育と類似する部分があるという例話である。いかに医療者が努力を尽くしても、自ら良くなろうと努力する患者でなくては病の治癒は難しい。また、いかに教師が努力しても、自ら成長しよう、成長したいと願わぬ生徒が伸びる可能性は低い。質保証においても、自ら考え自ら向上しようとしない大学は、外部の協力者がいくら努力を費やしても、真の向上は覚束ないのではないか。大学は改革の当事者であるべきであり、外からの力によって改革される対象物ではない。

付記

　上記の通り、内部質保証を考える際に、大学の自律性は極めて重要である。しかしながら、大学の自律性を重視することと全ての責任を個々の大学に押し付けることとは別である。もちろん可能な限りの努力を果たさぬ大学は論外であるが、現在の高等教育界が抱えている問題は、とても個別大学の努力だけで解消できるものではない。学齢人口の急減、それに伴う学納金の減少、高等教育に関わる教育研究費の慢性的不足、急速急激なグローバル化への対応等々、一大学 ─ つまり大学内部だけでは何ともし難い難問が山積している。

　当然のことながら所管している文部科学省をはじめとする行政が積極的に対策を講じる必要があろう。そしてそれに並んで認証評価機関や大学団体も、大学のおかれている状況に鑑み、対処しなければならない。評価を通じ大学の質向上を支援するのはもちろん、努力を重ねる大学の姿を広く社会に対し紹介するなど、一層の広報活動が必要であろう。ましてや JUAA は認証評価のためにつくられた組織ではない。志のある大学が互いの向上を目指して創設した大学団体である。あるときは大学の声に耳を傾け、その切実な思いを束ねて政策提言をする。政策に疑義異論があるときは声明を出して社会に訴える。大学の実情を知る者だからこそできることがあろう。質保証機関なのであるから自らのネットワークを世界に広げれば、グローバル化の荒波に個々の大学をさらしている図式を変えることもできよう。

　公共財である大学は、そこに学ぶ学生がそうであるように我々の財産である。その気持ちをもって大学に寄りそうことこそ、大学団体・認証評価機関の役目ではないだろうか。丹念に記入されたアンケート回答票を読み返すにつけ、そう思うのである。

参考文献
・公益財団法人大学基準協会『内部質保証ハンドブック』（2015 年7月 17 日）
・公益財団法人大学基準協会『大学評価ハンドブック 申請大学用・評価者用』（2014 年4月1日）
・International Network for Quality Assurance Agencies in Higher Education『Guidelines of Good Practice in Quality Assurance』（2007 年8月）
・公益財団法人文教協会『大学設置審査要覧＜平成 27 年改訂＞』（2015 年7月 15 日）
・独立行政法人大学評価・学位授与機構『高等教育に関する質保証関係用語集第三版』（2011 年）
・公益財団法人日本高等教育評価機構『平成 28 年度大学機関別認証評価 受審のてびき』（2015 年8月）
・文部科学省大学審議会「平成 12 年度以降の高等教育の将来構想について(答申)」(1997 年1月 29 日）
・文部科学省中央教育審議会「我が国の高等教育の将来像（答申）」（2005 年1月 28 日）
・文部科学省中央教育審議会大学分科会「中長期的な大学教育の在り方に関する第一次報告 ―大学教育の構造転換に向けて― 」（2009 年6月 15 日）
・文部科学省中央教育審議会大学分科会第 71 回（2008 年 10 月 29 日）資料「大学設置認可に関する基礎資料」

日本の大学における内部質保証の実質化のためのIRの取組の現状
—「内部質保証」現況調査アンケートを基に—

高田英一
Takata Eiichi
神戸大学

> **KEY WORD**
>
> **内部質保証／インスティテューショナル・リサーチ／
> PDCA サイクル／改善**

1 はじめに

　現在、我が国の大学においては、内部質保証の実質化が求められている。大学基準協会の「大学基準」では、「10 内部質保証」において、「大学は、その理念・目的を実現するために、教育の質を保証する制度を整備し、定期的に点検・評価を行い、大学の現況を公表しなければならない」とされている。また、近年、内部質保証に関することを認証評価の重点評価項目に設定する等の省令改正も行われた。

　この内部質保証の実質化のための取組の一つに、インスティテューショナル・リサーチ（Institutional Research、以下「IR」）がある。IR は、急速な環境変化にさらされている大学関係者から、データによる大学の意思決定支援を行う機能として高い注目を集めている。この点は、内部質保証の実質化も同様であり、IR のデータによる PDCA サイクル等に対する支援へ

の期待は大きいが、その支援の状況は明らかではない。

　このような状況を踏まえて、本稿では、IR による内部質保証の実質化への支援の状況について、大学基準協会の「高等教育のあり方研究会　内部質保証のあり方に関する調査研究部会」において実施したアンケート調査の結果を基に検討する。

2 内部質保証と IR の関係について

(1) 内部質保証の意義

　内部質保証とは、「PDCA サイクル等の方法を適切に機能させることによって、質の向上を図り、教育・学習その他のサービスが一定水準にあることを大学自らの責任で説明・証明していく学内の恒常的・継続的プロセス」(『大学評価ハンドブック』(2014(平成 26)年 4 月 1 日)、以下、『ハンドブック』)である。

　この点、大学基準協会の「内部質保証システム体系図」(次頁・図 1)では、その質に責任を負う主体・評価の観点によって、内部質保証の対象を大学、プログラム、授業の 3 つのレベルに分けつつ、多様な検証の取組(以下、「検証ツール」)によって、改善サイクルを機能させるべきことが示されている。

(2) IR の定義と特徴

　IR の定義としては、例えば、Saupe (1990) は「IR は組織の企画、政策策定、意思決定を支援するような情報を提供すること」としているが、一貫した厳密な定義は確立していない。これは、IR は、大学の環境変化に対応するために、新しく個別に発生し、現在でも、それぞれの環境に対応して発展過程にあるためである (小林他 2011)。

　このため、内部質保証の実質化に関しても、IR には、他の検証ツールと比較して、何を行うかは一義的に定まっていないという特徴に留意する必

要がある。この点、下記の図1でも、IR は、他の検証ツールと異なり、位置付けが明示されていない。実際には、IR は、データの提供を通じて、他の検証ツールの機能を支援するとともに、他の検証ツールが収集・分析したデータの学内での共有・連携を図るという媒介的な機能を担うことが多いであろう。また、各検証ツールの担当部署の一つに位置付けられることもありうる。ただ、各大学によって異なりそれ自体の役割は一義的に明確ではないという IR の特徴は、アンケートの分析の際に踏まえる必要があろう。

　では、このような特徴を有する IR は、現在、内部質保証の実質化に関して、どのような役割を果たしているのだろうか。以下では、IR に対象を絞って、アンケート調査の結果の分析を行う。

図1　内部質保証システム体系図＜例＞（出典：『内部質保証ハンドブック』85 頁）

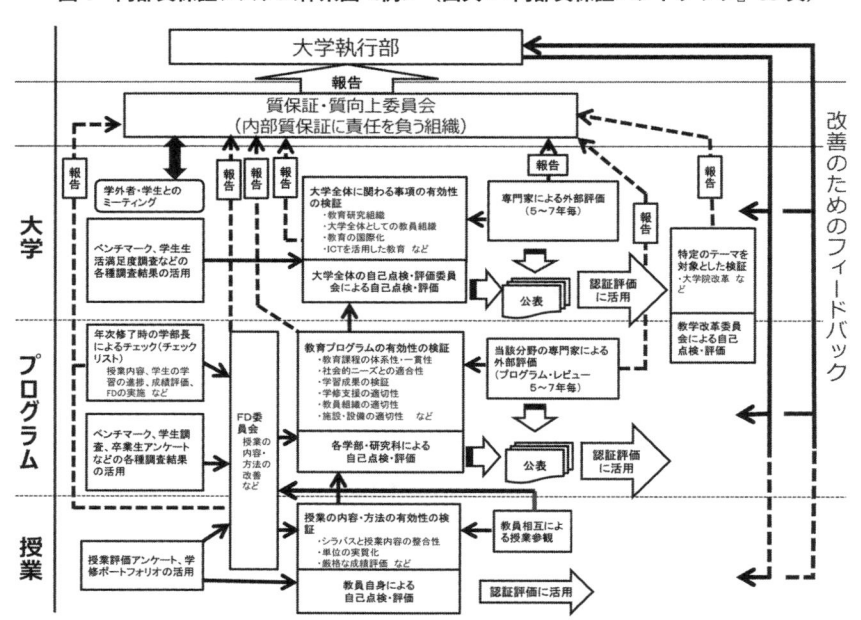

③ アンケート調査の概要

　大学基準協会では、全国の大学を対象に「内部質保証」の現況に関するアンケート調査を 2 回に分けて実施した。本研究は、IR に対象を絞っているため、授業、プログラム、全学のレベルごとに、内部質保証の実質化のための検証ツールの実施状況と改善に貢献した状況を調査している 2 回目のアンケート調査結果を対象とする。

　この 2 回目のアンケート調査は、768 大学を対象として実施し、回答大学数は、国立 51 大学（13.5％）、公立 43 大学（11.4％）、私立 284 大学（75.1％）の計 378 大学、回答率は 49.3％であった。なお、2 回目のアンケートの設問は 4 択の選択肢であり、実施の有無は、「恒常的に実施している：1」、「恒常的ではないが実施した：2」、「実施していない：3」、「把握していない：4」と設定された。また、改善への貢献は、「改善に非常につながった：1」、「改善につながった：2」、「改善につながらなかった：3」、「判断できない：4」と設定された。以下、本稿では、「恒常的に実施している：1」及び「恒常的ではないが実施した：2」の回答数の合計をもって、「実施しているとした回答」とした。また、「改善に非常につながった：1」及び「改善につながった：2」の回答数の合計をもって、「改善に貢献しているとした回答」とした。

④ アンケート調査の分析

（1）「IR のための組織の活用」に関する回答の全体の状況

　「IR のための組織の活用」について、実施しているとした率（以下、「実施率」）は、33.9％であった。また、実施しているとした回答のうち、改善に貢献しているとした率（以下、「寄与率」）は、50.0％であった。

表1 「IRのための組織の活用」の実施の有無・改善への貢献

	実施している		改善に貢献している	
	数 (a)	実施率 (a/総数)	数 (b)	寄与率 (b/a)
回答数	128	33.9%	64	50.0%
回答総数	378	—	128	—

（2）他の検証ツールとの比較

　上記の結果を他の検証ツールと比較すると、IR の実施率は、取組全体の平均（41.6%）を下回る。また、寄与率は、検証ツール全体の平均（73.4%）のみならず、最も低い。

表2 実施の有無・改善への貢献の全体比較

	実施している			改善に貢献している		
	数(a)	実施率 (a/総回答378)	平均との差	数(b)	寄与率 (b/a)	平均との差
①教育プログラムレベル・授業レベルにおける検証システムの有効性に関する全学的検証（メタ評価）	98	25.9%	-15.7%	73	74.5%	1.0%
②学修評価の観点や基準（学修評価指標、ルーブリック等）の全学的な設定とその活用	103	27.2%	-14.4%	76	73.8%	0.3%
③ⅠRのための組織の活用	128	33.9%	-7.7%	64	50.0%	-23.4%
④教員を対象とした教育業績評価の実施	201	53.2%	11.6%	120	59.7%	-13.7%
⑤教育開発やFDに関する専門家の配置	92	24.3%	-17.3%	81	88.0%	14.6%
⑥学生からの組織的な意見聴取	248	65.6%	24.0%	190	76.6%	3.2%
⑦学外者からの組織的な意見聴取	144	38.1%	-3.5%	110	76.4%	2.9%
⑧大学全体に対する外部評価	244	64.6%	22.9%	216	88.5%	15.1%
平均	—	41.9%		—	73.4%	

（3）まとめ

　以上の結果からは、IR は、注目度の高さにかかわらず、実際には、他の検証ツールより多く実施されているわけではなく、また、実施されても、あまり改善に貢献していないように見える。

　とはいえ、内部質保証の実質化の要請に加えて、現在の急激な経営環境の変化に対応するためには、データに基づいた大学経営を推進する必要があり、そのためには、IR の活用を図る必要がある。この観点から、以下では、大学の規模別の分析及び自由記述の分析を基に、IR が使いにくく見える状況を改善し、IR の実施・改善への貢献の向上を図る上でのヒントを探る。

⑤ 規模別の実施率・寄与率

（1）「IR のための組織の活用」に関する回答の規模別の動向

　表 3 に、『ハンドブック』と同様、回答大学を、2013（平成 25）年度学術情報基盤実態調査（文部科学省）の区分に従って、Ａ規模（８学部以上）、Ｂ規模（５〜７学部）、Ｃ規模（２〜４学部）、Ｄ規模（単科大学）の４区分に分けて示した。

　これを見ると、「IR のための組織の活用」は、全体として規模が大きいほど、実施率が高い。また、実施しているとした回答のうち、規模の大きいほど、寄与率が高い。

表 3　IR の実施の有無・改善への貢献（規模別）

規模	実施している			改善に貢献している		
	数 (a)	実施率 (a/378)	平均との差	数 (b)	寄与率 (b/a)	平均との差
A	22	50.0%	16.1%	17	77.3%	27.3%
B	16	28.6%	-5.3%	10	62.5%	12.5%
C	62	38.8%	4.9%	26	41.9%	-8.1%
D	28	23.7%	-10.2%	11	39.3%	-10.7%
計	128	33.9%	0.0%	64	50.0%	0.0%

（2）他の検証ツールとの比較

規模別に「③ IR のための組織の活用」の実施率を見ると、「⑤教育開発や FD に関する専門家の配置」、「⑦学外者からの組織的な意見聴取」とともに、大規模大学で実施率が高い。他方で、これら以外の検証ツールは、規模によって実施率はほとんど変化がない。

また、実施しているとした回答のうち、改善に貢献しているとした回答を見ると、全体では、規模が小さい方ほど、寄与が高い傾向にあるが、「③ IR のための組織の活用」は、全体の傾向と異なり、規模が大きいほど、寄与率が高い（表4）。

（3）まとめ

以上の規模別の検討からは、「③ IR のための組織の活用」は、実施に関しては、規模が大きいほど、実施率が高い。IR は、同様の傾向を示す取り組みである2者と同様に、取組にかなりのコストが必要な検証ツールであることから考えると、大学の規模、すなわち、IR の実施に必要な経営資源の大小が影響していると思われる。

また、改善への貢献に関しては、IR は、規模が大きい方が寄与率が高く、他の検証ツールと異なる傾向を示している。

6 改善に貢献した事例に関する自由記述の分析に基づく考察

（1）問題意識

以上の規模別の検討からは、IR は大規模大学に適した検証ツールのように見える。しかし、2で述べたように、IR は、各大学で取り組みが異なるという特徴に留意する必要がある。すなわち、本アンケートの「実施している」、「改善に貢献している」の回答についても、各大学の IR に対して改善を求める課題の違いを反映して、多様な内容が含まれている可能性も

表 4　実施の有無・改善への貢献（規模別）の他のツールとの比較

	規模	回答数 (a)	実施している(b)	実施率 (b/a)	平均との差	改善に貢献している(c)	寄与率 (c/b)	平均との差
①教育プログラムレベル・授業レベルにおける検証システムの有効性に関する全学的検証（メタ評価）	A	44	16	36.4%	10.5%	11	68.8%	-5.8%
	B	56	15	26.8%	0.9%	10	66.7%	-7.8%
	C	160	36	22.5%	-3.4%	30	83.3%	8.8%
	D	118	31	26.3%	0.4%	22	71.0%	-3.5%
	計	378	98	25.9%	0.0%	73	74.5%	0.0%
②学修評価の観点や基準（学修評価指標、ルーブリック等）の全学的な設定とその活用	A	44	13	29.5%	2.3%	10	76.9%	3.1%
	B	56	14	25.0%	-2.2%	9	64.3%	-9.5%
	C	160	41	25.6%	-1.6%	29	70.7%	-3.1%
	D	118	35	29.7%	2.5%	28	80.0%	6.2%
	計	378	103	27.2%	0.0%	76	73.8%	0.0%
③IR のための組織の活用	A	44	22	50.0%	16.1%	17	77.3%	27.3%
	B	56	16	28.6%	-5.3%	10	62.5%	12.5%
	C	160	62	38.8%	4.9%	26	41.9%	-8.1%
	D	118	28	23.7%	-10.2%	11	39.3%	-10.7%
	計	378	128	33.9%	0.0%	64	50.0%	0.0%
④教員を対象とした教育業績評価の実施	A	44	23	52.3%	-0.9%	13	56.5%	-3.2%
	B	56	31	55.4%	2.2%	20	64.5%	4.8%
	C	160	86	53.8%	0.5%	47	54.7%	-5.0%
	D	118	61	51.7%	-1.5%	40	65.6%	5.9%
	計	378	201	53.2%	0.0%	120	59.7%	0.0%
⑤教育開発や FD に関する専門家の配置	A	44	28	63.6%	39.3%	25	89.3%	1.3%
	B	56	14	25.0%	0.7%	12	85.7%	-2.3%
	C	160	34	21.3%	-3.1%	29	85.3%	-2.7%
	D	118	16	13.6%	-10.7%	15	93.8%	5.8%
	計	378	92	24.3%	0.0%	81	88.0%	0.0%
⑥学生からの組織的な意見聴取	A	44	31	70.5%	4.9%	26	83.9%	7.3%
	B	56	39	69.6%	4.0%	29	74.4%	-2.2%
	C	160	103	64.4%	-1.2%	76	73.8%	-2.8%
	D	118	75	63.6%	-2.0%	59	78.7%	2.1%
	計	378	248	65.6%	0.0%	190	76.6%	0.0%
⑦学外者からの組織的な意見聴取	A	44	25	56.8%	18.7%	21	84.0%	7.6%
	B	56	21	37.5%	-0.6%	15	71.4%	-5.0%
	C	160	56	35.0%	-3.1%	41	73.2%	-3.2%
	D	118	42	35.6%	-2.5%	33	78.6%	2.2%
	計	378	144	38.1%	0.0%	110	76.4%	0.0%
⑧大学全体に対する外部評価	A	44	29	65.9%	1.3%	26	89.7%	1.2%
	B	56	37	66.1%	1.5%	27	73.0%	-15.5%
	C	160	97	60.6%	-4.0%	88	90.7%	2.2%
	D	118	81	68.6%	4.0%	75	92.6%	4.1%
	計	378	244	64.6%	0.0%	216	88.5%	0.0%

ある。この点から、「改善に貢献している」と回答した大学について、より詳細に検討を行う。

(2) アンケート調査の結果の検討

①まず、「改善に貢献している」と回答した大学を規模別に見ると、小規模大学（C及びD）の方が多い。また、設置形態別に見ると、国立大学では大規模大学が多いが、私立大学では小規模大学が多く、傾向が異なっている（表5）。

表5　改善に貢献していると回答した大学内訳（規模別・設置形態別）

	国立		公立		私立		全体	
	改善に貢献している (a)	割合 (a/回答数)	改善に貢献している (a)	割合 (a/回答数)	改善に貢献している (a)	割合 (a/回答数)	改善に貢献している (a)	割合 (a/回答数)
A	7	50.0%	2	50.0%	8	17.4%	17	26.6%
B	4	28.6%	0	0.0%	6	13.0%	10	15.6%
C	2	14.3%	1	25.0%	23	50.0%	26	40.6%
D	1	7.1%	1	25.0%	9	19.6%	11	17.2%
回答数	14	100.0%	4	100.0%	46	100.0%	64	100.0%

②以下では、アンケート調査のIRに関する自由記述「それらの各取り組みによって、どのように、貴大学における学士課程教育の見直しや改善が進んだのか、可能な範囲で簡潔にご記入下さい」への回答結果を基に、より具体的に、どのような課題を解決した場合に、各大学が「改善に貢献した」と回答したのか、を検討する。以下の表6に、固有名詞の削除等の配慮を行った自由記述の回答の一覧（設置形態・規模別）を示す。なお、自由記述の回答は、「改善に貢献した」と回答した大学の一部にとどまる（表6）。

表 6　IR による学士課程教育の見直し・改善に関する自由記述（規模・設置形態別）

	国立	公立	私立
A	○学長の下に評価室を置き、IR 機能を担っている。同室では、データベースを構築し、各種評価への対応、HP による研究者紹介、シーズデータベース、reseachmap への<u>データ提供等を行っている</u>。 ○大学連携を通じて IR を推進した。連携大学全体と本学との学生行動調査を比較分析し、単位の実質化に資する方策の検討材料となる自習時間等のデータを報告書やニュースレターにまとめて教職員に周知した。	○大学間連携に参加し継続的な学生調査を 1 年生、3 年生に全数調査の形で実施しており、他大学との相互比較を含めて本学の学生の特徴を把握し改善課題を抽出している。また、学生調査で得られたデータについて、専門家による分析を行い<u>学士課程教育の検証を</u>行っている。	○授業評価の客観的な分析、授業評価の<u>教育改善へのフィードバック</u> ○IR の活用により、<u>キャップ制の導入と卒業要件に国際標準である GPA2.00 の設定</u>など大学教育の改善につなげることができた。 ○教育の改革及び改善を支援し、その充実及び高度化に資することを目的とするセンター組織の改組を行い、主に「教育効果の評価方法の開発及び実施」を目的とする IR 部会を設置した。IR 部会では、<u>全学で行われている学生調査結果の分析結果を全学委員会である教育改革推進会議に報告</u>し、各学部の教育改善に寄与している。 ○<u>他大学との比較分析をしたレポートを作成・</u>配付し、各教学主体の改善に役立てている。
B	○IR による評価に基づいた評価反映経費の配分などが実施され、ティーチング・ポートフォリオの教員作成率向上などの<u>改善につながっている。</u>		○「退学率」について IR を実施。 ○教職員間の問題意識の共有化を推進するため、本学に関する統計データ集である<u>ファクトブック</u>を教職員に配布し本学に関する状況を周知している。
C	○実データをもとにした点検と評価をすることで、思い込みをなくし、経年変化や他大学との比較なども通して改善の緊急性や<u>方向性をあきらかにできる</u>ようになった。	○新たに学内データを一元化し検証を行う IR 室を設置。また、教養教育の恒常的な検証を行うセンターも新たに設置し、教学 IR と連動し<u>全学的な教育改善に繋げる</u>。	○教学 IR 委員会を設置し、各部署で独自に行われていた各種調査・アンケートのデータを集積、一覧化したところ、<u>各データのさまざまな関連性が認識され、改善指針の策定に有効であることが</u>理解された。 ○IR 室を設置して、専門の職員を配置し、教育活動の全体を見渡しながら、細部の改善へ向けて、各種のデータを揃え、分析して行きたい。 ○IR の組織により改善の提言がなされ、GPA の導入・活用を始め、さまざまな組織的な教育改革が進んだ。 ○IR に関しては、組織横断的なプロジェクトチームにより、情報の収集発信を行っている。 ○学科毎に収集したデータを分析し、GPA の年次変化という形式で表現することで、CP の見直しの必要性を動機付けることにつながった。内部的に分析が進んだ結果として、<u>改善策が講じられた</u>。改善のための財政的支援システムの構築にもつながった。 ○IR のための組織を新設の上、学生行動調査を実施し、学生の学修状況を分析及び他大学との比較検討の上、<u>学修時間の向上に努めている</u>。
D	○学長の下に IR 担当の次長を配置し、<u>情報の収集と分析を行っている</u>。		○教育開発センターおよび IR 部門の設置と機能充実 ○IR 組織を配置したことで、<u>学内外のデータを一元的に集約することができている</u>。

設置形態別の傾向に見ると、国立大学には、「改善につながっている」との記述もあるが、「データ提供」、「報告書やニュースレターにまとめて教職員に周知」、「改善の緊急性や方向性をあきらかにできる」等、情報の提供や共有に関する記述が多く、具体的な改善事例に関する記述はほとんどない。他方、私立大学にも、「レポートを作成配布」、「ファクトブック」等の記述は多いが、「キャップ制の導入と卒業要件に国際標準であるGPA2.00 の設定」、「内部的に分析が進んだ結果として、改善策が講じられた。改善のための財政的支援システムの構築にもつながった」等、具体的な改善事例まで記述されている。

　次に、規模別に見ると、全体として、規模が大きい方が、国立大学、私立大学とも、「ファクトブック」等の情報の提供に関する記述が示されている。また、規模が小さくなるほど、私立大学の回答数が多くなるが、それに伴い、具体的な課題の解決に関する記述が示されている。

（3）まとめ

　以上の検討結果からは、設置形態や規模によって、各大学によって IR の取り組みが対象とする課題や改善の内容が異なっている状況がうかがえる。

　図 2 に、一般的な IR の業務のプロセスごとに、IR として改善への貢献が可能な課題の例を示した。これらの IR の業務プロセスに所在する課題のうち、どの課題を IR が対象とする課題と認識するかは、各大学によって異なっており、それにより、IR の取組が課題の改善に結び付いたと評価しやすいか、も異なると考えられる。すなわち、業務プロセスのうち、IR の業務のデータの収集から提供までは、IR 単独で実施可能であり、比較的実施が容易であるが、データの活用のプロセスは、実際には執行部が実行するプロセスであるため、IR 単独では実施できない。このため、業務プロセスに所在する課題のうち、情報の分散、情報の共有ができていない、という課題は、比較的、改善が容易であるが、個別具体的な課題については、改善は困難である。

この点と、先述の表5に示した、国立大学は大規模大学が多く、私立大学は小規模大学が多いという状況を併せて検討すると、以下の推測ができよう。

すなわち、設置形態別に見ると、私立大学は、国立大学と比較して、より教育分野の具体的な課題を意識せざるを得ない状況にあることから、情報の共有だけでなく、具体的な課題の解決に至ったことまでをもって、「改善」と評価していると推測される。これに対して、国立大学は、多くの場合、教育分野の課題の認識は、情報の共有等の抽象的なレベルにとどまっていると推測され、情報共有が進んだことのみをもって、「改善」と評価していると推測される。また、規模別に見ると、大規模大学の場合は、情報の共有すら困難な状況にあることから、この状況を課題として捉えやすく、IR の取組によって情報共有が進んだことのみをもって、「改善」と評価していると推測される。

図2　IR の業務のプロセスと改善への貢献が可能な課題

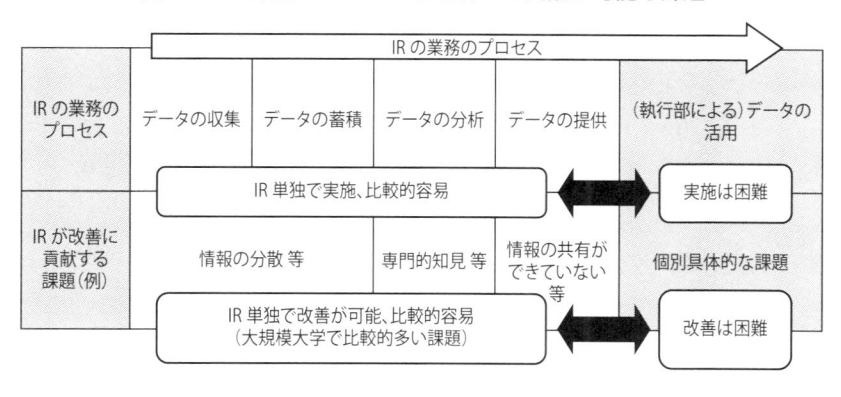

7 IR と他の取り組みとの関係

（1）問題意識

IR は、データの収集・分析・提供等を通じた意思決定支援、といういわ

ば媒介的な機能を担うものである。このため、改善に貢献するためには、IR だけでなく、他の検証ツールとの併用が重要と考えられる。以下、IR とその他の検証ツールの実施・改善への貢献の状況について検討する。

（2）IR の実施・改善への貢献と IR 以外の検証ツールの実施率の関係

　表 7 には、IR 以外の検証ツールに関して、1）全体の実施率、2）IR を実施している大学における実施率、3）IR を実施したが改善に貢献していない大学の実施率、4）IR が実際に改善に貢献した大学の実施率、を示した。

　まず、2）は、1）と比較して、他の検証ツールのすべての実施率が高い。しかし、2）の中でも、3）は、1）と比較して、ほとんど差がないか低い。これに対して、4）は、1）と比較して、他の検証ツールの全てを多く実施している。特に、1）と比較して実施率が高い検証ツールは、「①教育プログラムレベル・授業レベルにおける検証システムの有効性に関する全学的検証（メタ評価）」（＋ 24.1%）、「②学修評価の観点や基準（学修評価指標、ルーブリック等）の全学的な設定とその活用」（＋ 25.9%）、「⑤教育開発や FD に関する専門家の配置」（＋ 22.5%）、「⑥学生からの組織的な意見聴取」（＋ 20.3%）、である（表 7）。

（3）IR の実施・改善への貢献と IR 以外の検証ツールの寄与率の関係

　表 8 には、IR 以外の検証ツールに関して、1）全体の寄与率、2）IR を実施している大学における寄与率、3）IR を実施したが改善に貢献していない大学における寄与率、4）IR が実際に改善に貢献した大学における寄与率、を示した。

　まず、1）と 2）を比較すると、ほとんど差がない。それどころか、3）では、他の検証ツールの改善への寄与も大きく低下しており、IR は実施しただけでは意味がないだけでなく、改善に貢献していない場合は、他の検証ツールの改善への貢献に悪い影響を与えている可能性がある。これに対して、4）は、全体的に、他の検証ツールも改善への寄与が上昇している。

表 7　IR の実施・改善への貢献と他のツールの実施率の関係

		(1) 全体の実施率	(2) 実施率 IRを実施している大学における	(3) IRを実施しているが、改善に貢献していない大学における実施率	(4) IRが改善に貢献している大学における実施率
回答総数(a)		378	128	64	64
①教育プログラムレベル、授業レベルにおける検証システムの有効性を検証する全学的な検証（メタ評価）その活用	実施している(b)	98	50	18	32
	実施率(b/a)	25.9%	39.1%	28.1%	50.0%
	全体の実施率との差	—	13.1%	2.2%	24.1%
②学修評価の観点や基準、学修結果指標（ルーブリック等）の全学的な設定とその活用	実施している(b)	103	51	17	34
	実施率(b/a)	27.2%	39.8%	26.6%	53.1%
	全体の実施率との差	—	12.6%	-0.7%	25.9%
④教員を対象とした教育業績評価の実施	実施している(b)	201	79	34	45
	実施率(b/a)	53.2%	61.7%	53.1%	70.3%
	全体の実施率との差	—	8.5%	0.0%	17.1%
⑤教育開発やFDに関する専門家の配置	実施している(b)	92	45	15	30
	実施率(b/a)	24.3%	35.2%	23.4%	46.9%
	全体の実施率との差	—	10.8%	-0.9%	22.5%
⑥学生からの組織的な意見聴取	実施している(b)	248	94	39	55
	実施率(b/a)	65.6%	73.4%	60.9%	85.9%
	全体の実施率との差	—	7.8%	-4.7%	20.3%
⑦学外者からの組織的な意見聴取	実施している(b)	144	62	26	36
	実施率(b/a)	38.1%	48.4%	40.6%	56.3%
	全体の実施率との差	—	10.3%	2.5%	18.2%
⑧大学全体に対する外部評価	実施している(b)	244	85	38	47
	実施率(b/a)	64.6%	66.4%	59.4%	73.4%
	全体の実施率との差	—	1.9%	-5.2%	8.9%

表 8　IR の実施・改善への貢献と他のツールの寄与率の関係

		(1) 全体の改善への寄与率	(2) 寄与率 IRを実施している大学における改善への寄与	(3) IRを実施しているが、改善に貢献していない大学における改善への寄与	(4) IRが改善に貢献している大学における改善への寄与率
①教育プログラムレベル、授業レベルにおける検証システムの有効性を検証する全学的な検証（メタ評価）その活用	実施している(a)	98	50	18	32
	改善に貢献している(b)	73	36	11	25
	寄与率(b/a)	74.5%	72.0%	61.1%	78.1%
	全体の寄与率との差	—	-2.5%	-13.4%	6.1%
②学修評価の観点や基準、学修結果指標（ルーブリック等）の全学的な設定とその活用	実施している(a)	103	51	17	34
	改善に貢献している(b)	76	38	8	30
	寄与率(b/a)	73.8%	74.5%	47.1%	88.2%
	全体の寄与率との差	—	0.7%	-26.7%	13.7%
④教員を対象とした教育業績評価の実施	実施している(a)	201	79	34	45
	改善に貢献している(b)	120	50	17	33
	寄与率(b/a)	59.7%	63.3%	50.0%	73.3%
	全体の寄与率との差	—	3.6%	-9.7%	10.0%
⑤教育開発やFDに関する専門家の配置	実施している(a)	92	45	15	30
	改善に貢献している(b)	81	39	10	29
	寄与率(b/a)	88.0%	86.7%	66.7%	96.7%
	全体の寄与率との差	—	-1.4%	-21.4%	10.0%
⑥学生からの組織的な意見聴取	実施している(a)	248	94	39	55
	改善に貢献している(b)	190	72	24	48
	寄与率(b/a)	76.6%	76.6%	61.5%	87.3%
	全体の寄与率との差	—	0.0%	-15.1%	10.7%
⑦学外者からの組織的な意見聴取	実施している(a)	144	62	26	36
	改善に貢献している(b)	110	48	17	31
	寄与率(b/a)	76.4%	77.4%	65.4%	86.1%
	全体の寄与率との差	—	1.0%	-11.0%	8.7%
⑧大学全体に対する外部評価	実施している(a)	244	85	38	47
	改善に貢献している(b)	216	76	32	44
	寄与率(b/a)	88.5%	89.4%	84.2%	93.6%
	全体の寄与率との差	—	0.9%	-4.3%	4.2%

特に、1）と比較して寄与率が高い検証ツールは、「②学修評価の観点や基準（学修評価指標、ルーブリック等）の全学的な設定とその活用」（＋13.7%）、「⑥学生からの組織的な意見聴取」（＋10.7%）、である。これらの検証ツールは（2）と共通しており、評価やデータが必要という点でIRの取り組みと親和性があると推測される（前頁・表8）。

（4）まとめ

　以上から、IRは他の検証ツールとの併用が重要であるが、実施しただけでは、他の検証ツールの寄与率はおろか実施率の向上にもつながっていない。すなわち、IR自体が改善に貢献する状況まで達することが、他の検証ツールの実施や改善への貢献の支援につながると言えよう。

　このIRが改善に貢献する状況まで達することは、それ自体が難しい課題であり、IRが改善に貢献している大学とそうでない大学の差異に、IRが改善に貢献するための要因が潜んでいる可能性が高い。例えば、執行部のリーダーシップ・経営能力、職員の資質、データリテラシー、データベースの整備、評価文化等が考えられるが、これらに関する状況は今回のアンケート調査の対象ではないため、この点に関する詳細な検討は今後の課題である。

8 おわりに

　上記のように、IRが改善に貢献するための詳細な要因の分析は今後の課題である。また、IRの取組の内容は各大学で異なるため、IRの取組の違い等を踏まえたより詳細な類型化が必要であろう。

　ただ、前述のとおり、取組が一義的に定まっていないというIRの特徴を踏まえると、IRの取組にあたっては、他の検証ツール以上に、『ハンドブック』第3章第2節 内部質保証体制の運用の在り方（提言2）を踏まえて、その目的・取組の内容を明確化する必要があろう。また、媒介的な機能を

果たすことを踏まえると、提言の中でも、特に、他のツールとの併用の際には、「＜ 5 ＞ 全学レベル（マクロ）、プログラムレベル（ミドル）、授業レベル（ミクロ）をリンクさせましょう」(97 頁)、「＜ 6 ＞ 評価ツールその他の小道具よりも、全体としてのロジックとストーリーが大切であり、貴学独自の質保証の物語を考えてみて下さい」（98 頁）という提言を踏まえる必要があろう。

　今後は、個別大学における改善に貢献した IR の取り組み事例の集積を通じて、他の検証ツールとの併用の在り方も含めて、改善に貢献できる IR の活用のあり方を明らかにしたい。

主な参考文献
・ 高等教育のあり方研究会内部質保証のあり方に関する調査研究部会 編（2015）『内部質保証ハンドブック』大学基準協会
・ 小林雅之、片山英治、劉文君（2011）、『大学ベンチマークによる大学評価の実証的研究』、ものぐらふ 10、東京大学・大学総合教育研究センター
・ 大学基準協会（2014）『大学評価ハンドブック』
・ Saupe, J. L. (1990)The Function of Institutional Research 2nd Edition. Association for Institutional Research.

教育改善マネジャーによる内部質保証の実践

山本幸一
Yamamoto Koichi
明治大学

KEY WORD

教育改善／ PDCA サイクル／ロジックモデル／ IR ／
議論の素材／リアクション

1 はじめに

　本書は、2015 年に大学基準協会が発行した『内部質保証ハンドブック』（以下「ハンドブック」という）を読み解くことをコンセプトにしている。「ハンドブック」は、評価担当教職員だけではなく、多くの教職員が内部質保証を理解できるよう編集されたはずであったが、なお、それを「読み解く」のが本書である。内部質保証の理解は難しいという定説が現実になっている証左であろう。

　内部質保証の理解は、なぜ難しいのか。内部質保証の類似概念と思われるトータル・クオリティ・マネジメント（TQM; Total Quality Management）では、品質向上と顧客満足という「ミッション」があり、継続的改善、プロセス重視、データ重視などの「行動指針」、さらに 5S（整理、整頓、清掃、清潔、しつけ）、標準化、統計分析法、改善手法（QC7 つ道具等）等の「実

践方法」、方針管理や日常管理等の「推進方法」等が定められている。また、米国の適格認証（認証評価）において内部質保証と同等の概念として用いられる、インスティテューショナル・エフェクティブネス（IE; Institutional Effectiveness）についても、各地域の適格認証協会の基準を紹介した佐藤（2014）の資料によれば、適格認定基準に目的、対象、示すべき内容、実施方法が定められており、理解しやすく、実践的である。

　本稿では、なぜ内部質保証は理解しにくいのかという問題に関心を寄せながら「ハンドブック」編集時の調査研究成果から質保証の理解に必要な要素を考察した。まず、内部質保証を理解するために必要な下位概念の説明が不足しているのではないかとの仮説に基づき、内部質保証を段階的に理解するための試論を示し、その上で実践事例の一端を紹介しながら、質保証への理解を深める内容とした。

　また「ハンドブック」では「教職員の誰もが理解するべき内部質保証」を目指したが、本稿の読者には、実際に内部質保証が動かすマネジャー層を想定している。評価、企画、教務・学事部門などに深く関わるが、情報システム、学生支援、研究部門等のマネジャーも読者として意識した。

　筆者は、教学企画部という企画と評価を担当する事務職員の立場から、「ハンドブック」の編集に参加した。本書でも事務職員の立場で執筆させていただきたい。

② なぜ内部質保証は理解されないのか

（1）語り続けられる内部質保証

　2008（平成20）年に、内部質保証による教育改革に言及した中央教育審議会「学士課程教育の構築に向けて（答申）」が提言されてから、すでに8年が経過した。同答申では、①自己点検・評価のために自主的な評価基準や評価項目を運用する内部質保証体制を構築すること、②組織における達成目標を設定して自己点検・評価を実施すること、③現状を「点検」

するだけではなく成果と課題に関する「評価」を行うこと、さらに④「学習成果」のアセスメント指標や卒業後フォローアップ調査指標を取り入れること等の具体的な方法を示唆している。その後今日までの間、内部質保証に係る答申、調査研究報告、実践事例などが数多く公表されてきた。

　今般、大学基準協会が発刊した「ハンドブック」は、内部質保証の実態調査を踏まえ、「内部質保証とは何かを示し、より多くの教職員に取り組んでいただきたい内部質保証のあり様を示した」としている。つまり、これまでの報告や書籍と同様、内部質保証は「大学が自ら質を保証するもの」であり、「学習成果の測定によって PDCA サイクルを機能させる」ことを求め、8 年前の学士課程答申の内容を超えるものではない。

　執筆者の一人として反省しなければならない。多くの大学は自立し、真剣に学生と向き合っているにも関わらず、何が不満で「自ら質を保証しなさい」と語り続けるのだろうか。社会からの要請であれば、社会とのコミュニケーションを密に行い、相互に信頼を深めればよい。最近では、シラバスの第三者チェックが質保証の定番メニューとなってきたようだ。ある教授は、他人にシラバスを直されるようになったらプロフェッションとしての教授職は失格だともいう。

　そもそも自立性の確立された世界をアカデミズムと呼び、アカデミズムを前提に大学は設計されている。学位審査や昇格審査は、他のプロフェッションのうちでも比類なく厳格である。

　そして今、本書を手にした読者諸氏は、何を問題として捉え、何のために、誰のために質保証を求めて、頁をめくっているのだろうか。

（2）内部質保証と責任分担
　－学科のカリキュラム編成権と授業担当教員の権限
　一つの事例から話を進めたい。

　前述したシラバスの第三者チェックとは、何をチェックし、誰にどのような改善を求めるための仕組みなのであろうか。

　シラバスの第三者チェックの目的として、一般的に、シラバスに必要項目が記載されているか、関連科目との重複がないか、学習成果との関連が明示されているか等を点検し、学生が適切に授業選択できるようにすること、と言われる。一方で、先の教授の発言のように、シラバス・チェックは不要との声もあり、形骸化してくる側面もある。

　カリキュラムの編成、すなわち、どのような科目をどのように配置するのかを決定し、その科目における学習成果を設定するのは、学科の権限である。与えられた学習成果を達成するために、教育内容・教育方法を設計することが授業担当教員の権限である。つまり、もし学科がシラバス・チェックを行うのであれば、教員の権限である教育内容や教育方法そのものについてではなく、学科が設定した科目の学習成果を満たす設計となっているかのチェックまでであろう。また教育内容・教育方法の改善は、例えば授業評価アンケートの結果や相互授業参観などから、担当教員が行うべき責務となる。

　内部質保証の実践にあたって、誰がどの分野の責任を負っているのか不明確なままでは、誤解も生じやすい。質保証は、教職員がさまざまな機能を役割分担して支えているものであり、野球であれば、ピッチャー、キャッチャー、一塁手と、それぞれ異なる役割を果たすことで、守備というひとつのミッション達成に向けて努力することに例えられる。ここでピッチャーと一塁手への期待や責任は異なり、よってトレーニング（能力開発）も異なるし、評価方法も例えば防御率、守備率（失策しなかった率）などと異なるのである。

　内部質保証は、教職員の役割分担によって成立している。分担された職務の目的、範囲を理解して、分担した職務別に、きめ細かく評価の目的や対象を明示しておく必要がある。アカデミズムの自立においても、具体的には大学の責務、学科の責務、教員の責務は異なっているはずである。

（3）大学ガバナンスと内部質保証

　内部質保証システムは、前述の答申にあるように、大学の教育研究の計画、実行、測定・評価・改善のマネジメント、いわば大学運営の根幹を規定するものであり、教職員であれば、誰もが理解しておくべき概念・方法であることに間違いない。一方で、教職員の全てが内部質保証システムの運用業務に携わっているものでもない。研究に邁進する教員もあれば、入試運営に心血を注ぐ職員もいる。大学の教育研究は、そのミッション達成のために、多様な業務が機能することによって成立している。

　これらマネジメントの基盤にガバナンスがある。大学ガバナンスは、改正学校教育法（2015（平成27）年施行）の議論から注目を集め、質保証分野においても、3つのポリシーに基づく全学的な教学運営や、アセスメントポリシーによる改善サイクルの強化などが、学長のリーダーシップの視点から語られている。今村（1994）は、ガバナンス概念について、帆船の航海を例に、「オールを漕ぎ、適切適宜帆を上げ下げし、それ以外の役割分担が多数ある。（中略）それら職能のコンビネーションが、ガバナンスである」と解説している。船が大学であれば、目的地、すなわち、大学のミッションに向けて出港するのである。船には航海に必要な物資や人員、ノウハウ等を積載している。目的地までの操船には、操舵手、漕ぎ手、見張り、コック等の多様な人々が職務を分担している。

　異なる職種・職層のコンビネーションが大学を動かしている。内部質保証を語る人たちは、こうした大学のガバナンス体系を忘れてはいないだろうか。内部質保証は理解されていないのではなく、さまざまな職種や職層に沿った語り方がされてこなかっただけなのではないだろうか。ベテランのコックさんに、航路規則の概念を説いても理解しがたいこともあるだろう。

　「ハンドブック」は、多くの教職員に内部質保証の理解を求めたものであるが、帆船乗組員の役割分担にあるように、大学ガバナンスが、多様な職種・職層のコンビネーションで成立し、数多くのマネジメントが存在することを前提に語らなければ、教職員には響かないだろう。教職員は誰も

がそれぞれの立場、職務において学生の成長に貢献したいと思い、教育研究やマネジメントの改善や品質向上に努めている。その職務の責任範囲や役割に寄り添わない内部質保証は、教職員にとって無意味な仕組みになる。

　本稿では、内部質保証の研究者に向けた論考ではなく、教育研究の現場でさまざまな改善改革を試行するマネジャー層を読者として想定した。今後少しずつでも、教員、事務職員のいずれにも、また評価や FD、教務・学事だけではなく、企画、人事、財務、学生支援、研究支援、情報システムなどの多様な職種・職層の方に、質保証の使い方が広まり、学内に教育改善の議論が生まれるならば、「ハンドブック」を読み解く、という本書の企図に沿うものと考える。

③ 内部質保証に関する調査からの 4 つの考察

（1）質保証は、誰が始めて、誰が完結させるのか
―「企画・執行部門」と「評価部門」の役割

　「ハンドブック」の編集にあたり、アンケート調査 2 回とヒアリング調査を 8 大学で行った。第 2 回アンケートでは、18 のアセスメントツールを「実施しているか（実施率）」、「改善に寄与しているか（寄与率）」を聞いた。

　調査結果には、実施率は高くても寄与率が低い取組みも散見された。これはアセスメントプロセスが断絶していることが要因と思われる。評価部門がアセスメントを開始するものの、執行部が改善まで責任を持たないというケースである。

　業務に始まりと終わりを求めるマネジメントは、内部質保証が求める継続的改善プロセスと対立する一世代前の考え方かも知れない。しかし、改善サイクルが機能していない場合に、どの場面で、どのような組織が、いかなる責任を持つのかを明確にすることが必要であり、改善サイクルを始まりと終わりに区切ってマネジメントすることで、課題が明らかになることもあるだろう。

調査において、内部質保証システムの好事例として挙げられた大学は、内部質保証システムを構成する組織に、「評価室」以外に「企画室」や、「教育開発センター」など、複数の組織が内部質保証に関わっていた。アセスメントを断絶させずに機能させるには、複数の組織が PDCA サイクルにおける役割を明確に意識しながら、個々の組織目標を達成するためのマネジメントを行うことが重要と考えられる。

　もちろん、執行部が動くために、何が原因で何を動かせば改善できるのか、評価部門に、厳密な評価結果を示す力量があることが前提である。評価部門が機能するには、客観的事実をデータで語るインスティテューショナル・リサーチ（IR; Institutional Research）部門の支援も不可欠だ（図1）。

図1　内部質保証システムと学内組織の役割モデル

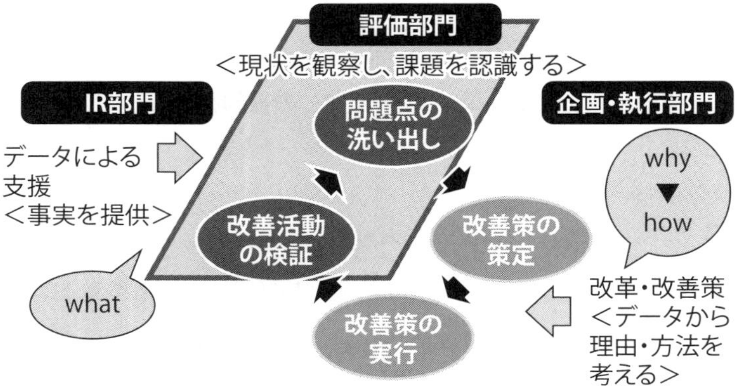

出所）藤原（2015）から筆者作成

（2）PDCA サイクルの P とは何か
─目標（Policy）を変えるのか手段（Plan）を変えるのか

　第2の論点として、PDCA サイクルを誤解あるいは誤用していないか確認をしたい。誤解を恐れずに言えば、PDCA サイクルは目的達成のためのマネジメントであり、中間アウトカムやアウトプットを最大化するために、

「教育手段群」の効果と効率を高めるものである。PDCA の P はポリシーではなくプランであり、P には、①目的・目標と②目的・目標を達成するための手段の 2 点を規定するのが、教科書的な見解である。

　しかし、調査の自由回答には「PDCA によって目標を見直す」との回答が数多くあった。目標、例えば建学の精神や教育目標の文言を見直すことに、どのような意味があるのだろうか。例えば「アジアの産業人材拠点になる」というような教育目標を掲げている " アジア開発大学 " が、点検・評価の結果、「ヨーロッパに軸足を置くヨーロッパとの教育交流拠点になろう」と、教育目標を変更することは現実的ではない。PDCA サイクルで修正すべきは、まず教育手段であり、目標達成への寄与率の高い手段を伸ばし、目標への効果・効率が低い手段を修正することで、目標を達成する。もちろん、方針の見直しが必要な場合もあるだろう。しかし、原則論として「手段を改善すること」であると理解しておきたい。アセスメントプランを策定する場合には、「何を目的として、何を改善するのか」を明確にしておくと、PDCA の誤解や誤用をさけ、有効に活用することができるだろう（78 頁：図 4 参照）。

（3）そのアセスメントは " 何のために " 行っているのか

　第 3 の論点は、評価部門と学部・学科執行部の間のデータ流通の問題である。執行部には、2 つの情報が入る。1 つは質保証活動の結果であり、それは教育実践を踏まえた改善に向けた情報である。2 つ目は、思いや直感からなる理事会・学長等のトップの方針である。しかし、執行部が、質保証活動の結果を優先して教育計画に反映することは少ないようであった。なぜ優先して反映しないのだろうか。

　1 つの解として、質保証活動が、個々バラバラで、何で何を改善しようとしているのか、「ハンドブック」で「教育改善のストーリー」と説明している「大学全体のアセスメントプラン」が不明確な点にあると思われる。例えば、学生調査や GPA（Grade Point Average）の分析が、「学生」の「学

修時間」をアセスメントしている、と明示されていれば、評価部門が実施したアセスメントの結果は、執行部では、学習時間をより延ばすための改善計画に利用されるだろう。つまり、評価部門は、評価項目ごとに評価の目的・対象・方法・判断基準などの一覧表を示すことが必要なのだ。

　評価と計画は表裏一体であり、相互に質保証活動やアセスメントの目的を理解することによって、効率的に PDCA サイクルを機能させることにつながるだろう。

（4）　内部質保証の統合的な理解・運用ができるか─IR の活用

　第 4 の論点として、バラバラに実施されがちな質保証活動をつなげる基盤として IR 機能を検討したい。IR は、執行部の意思決定に必要なデータを切り出し、提供する業務である。

　教育の 3 段階それぞれの質保証の取組みを連携させること、つまり、入試成績や学生調査、授業評価、GPA、学生の学習体験等を組み合わせれば、改善事項は明確になる。例えば、学生のパネルデータを分析することで、よりアウトカムに近いレベルの議論ができるようになるだろう。「科目数」「教員数」などの、インプットやプロセスに関するデータを基礎に、学生の変化であるアウトカムの状況を把握することで、カリキュラムの過不足や、あるいは成績評価基準の有効性に関する議論を生み出すことが出来る。

　内部質保証の 3 つの観点（検証、説明責任、恒常性）も個々に捉えると、それぞれが意味のない業務に落とし込まれてしまう。例えば、「検証」については認証評価に対応すればいい、「説明責任」についてはホームページで公開すればいい、「恒常的・継続的」については自己点検・評価をルーティン化させかねない。この 3 つの観点は、順序があり、統合されて意味をなす。つまり、「継続的に、教育の水準を検証し、改善を図っている姿・成果を、社会に説明する」と捉える必要がある。

　社会が求めているのは、「改善を図っているプロセス」「改善による成果」の説明である。つまり、目的に対して手段が適切であったことを示すデー

タや、手段の中止、改善、新計画など、計画をどのように再設計をしたのかを示すデータが必要であり、また、成果の説明には、学生の変化などのアウトカムデータが必要になる。教員数や学生数を公開していればよいということではない。

　アウトカムに近い部分で学生の成長や教育改善を語り合い、社会に対しても説明ができる、質保証の取組みはそのような大学を実現するための統合化されたシステムである。

④ 内部質保証をマネジメントするための知識とは何か

（1）内部質保証をマネジメントするための知識の4階層

　これまでの内部質保証の議論は、定義や概念、制度・組織、ツールなどが"点"で語られることが多かった。どれも重要な視点であるが、「私（マネジャー）」が、「会議で」「デスクで」「教壇で」、教育改善に取り組もうとしたとき、何をどのように整理して改善に向けた設計書を提案したらよいのか、あるいはモニタリングや検証の仕組みをどのように構築するのかなど、悩むことが多いのではないだろうか。突然、「内部質保証が適切に行われていますか」と問われても、回答方法が分からないのが正直なところだ。

　また、仕事に向かう時、誰しも初心者の時期がある。順序立ててキャリアを積んでいく多くの民間企業に比して、特に大学のマネジャーの場合は、教員であれば学科内の持ち回りで突然に役職があてがわれ、事務職員もジェネラリスト志向の人事異動によって40歳代、50歳代になっても初心者として業務に向き合うこともある。業務を遂行するには、業務に関する基盤的な知識・能力が必要だ。

　内部質保証に関連して、小湊（2016）は、米国IR協会の初心者向けセッション "What Every IR/IE Rookie Should Know:Class of 2015" の内容や、大

学評価コンソーシアムの評価・IR担当者向けガイドラインや能力段階表を紹介しており、どのような業務知識を理解しておくべきか、大いに参考になる。

　本節では、評価担当者に限らず、大学のマネジャーが、内部質保証を理解し、教育改善に向けて行動するための知識・能力を示したい。前節の調査や認証評価に関わった経験から、内部質保証を動かすために必要な知識を4つの階層性をもって理解することを示した（図2）。先に述べたように、突然、内部質保証と言われて戸惑うのは、内部質保証を理解するために、前提となる知識・能力が必要だからである。内部質保証を階層的に理解を深めることで、改善に向けた設計書を作成できるようになるだろう。次節から各階層について確認する。

図2　内部質保証を機能させるための知識・能力階層

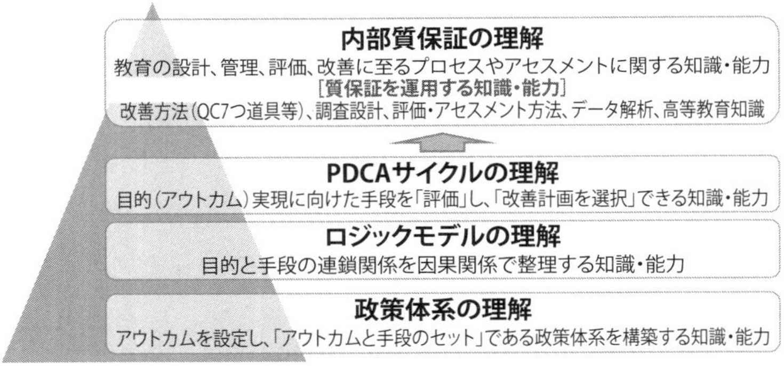

内部質保証の理解
教育の設計、管理、評価、改善に至るプロセスやアセスメントに関する知識・能力
[質保証を運用する知識・能力]
改善方法（QC7つ道具等）、調査設計、評価・アセスメント方法、データ解析、高等教育知識

PDCAサイクルの理解
目的（アウトカム）実現に向けた手段を「評価」し、「改善計画を選択」できる知識・能力

ロジックモデルの理解
目的と手段の連鎖関係を因果関係で整理する知識・能力

政策体系の理解
アウトカムを設定し、「アウトカムと手段のセット」である政策体系を構築する知識・能力

出所）筆者作成

(2) 政策体系の理解—改善マネジメントの基礎単位

　マネジメントとは、期待した成果（アウトカム）を実現するために、政策、事業、業務等の活動群（プログラム）を管理する手法である。質保証を機能させるために注目したいのは、従来の予算管理中心の経営手法ではなく、成果（アウトカム）を管理する経営手法、戦略計画である。戦略計画は将

来像である成果（アウトカム）と、その実現に必要な複数の手段群を1つのセットとして記述するものである。成果志向のマネジメントの手法は、古川・北大路（2004）に詳述されており、龍・佐々木（2009）が紹介しているように高等教育機関でも利用されている。

　さて、大学や学部は、教育面、研究面など、いくつかのアウトカムを設定していることだろう。そして、各々のアウトカムについて複数の手段が計画されているはずである。この「アウトカムと複数の手段のセット」こそ、マネジメントの対象となる政策体系の基礎単位であることを理解したい。政策体系を、アウトカムと手段の関係から「全ての手段が実現されたらアウトカムが達成される体系」と整理すると理解しやすいだろう。

　例えば、1年間で海外派遣学生数10%増（約50名増）というアウトカムに対して、交換留学協定校の増加とサマースクールの新規実施という2つの手段を計画した場合、その内容が協定校2大学4名増、サマースクール定員20名で合計24名増であったなら、この計画ではすでにアウトカムを達成できないので、政策体系としては見直しが必要だ。

　注意したいのは、日ごろの業務は成果管理中心のマネジメントではなく、予算管理中心のマネジメントになっていることだ。全学の企画部門や、学部の庶務部門等の経験者であれば、予算申請業務や、予算配分業務に携わった経験も多いことだろう。申請書を提出させたり、ヒアリングをしたりして予算を振り分け、年度末に成果報告書を提出させ、経理処理に追われる。従来型の予算管理マネジメントは、執行管理には優れているが、品質や成果を追求することは難しい。

　そのとき、マネジャーが「アウトカムと複数の手段のセット」からなる政策体系を持っていれば、「海外派遣学生を増加させるための国際化」をアウトカムとして配付した予算を「実績（予算を使ったこと）」だけではなく「成果」の視点で検証できることになる。配付した予算は「A国X大学国際部との協議のための出張」、「B国Y大学から講師を招聘した短期集中講義」「外国語検定試験の助成」等に利用されているが、中でも海外派

遣学生の増加に効果的だったのはどの手段だったのか、どのような学生に有効だったのか等の視点で、政策の質を高めることが可能になる。

　教育の現場では、さらに入試、シラバス、成績評価基準、GPA、アンケート、授業方法、進路指導など多様なアウトカムと手段に溢れている。

　何がアウトカムで何が手段なのかは、次節に示すように一定の基準はあるものの、その時の政策（起こっている事実、生じている問題）によって選択されるものである。数ある要素から「アウトカムと複数の手段のセット」である政策体系を組み立てられることが、質保証を機能させ、教育改善を進める第一歩になる。

(3) ロジックモデルの理解と改善マネジメント

　戦略計画の理論的な背景となっているのがロジックモデルである。ロジックモデルは、まずプログラム実施によるアウトカム（成果）を示し、アウトカム実現のためのプログラム内容を、インプット（投入資源）、プロセス・手段（活動群）、アウトプット（産出物）の要素に分けて、ある政策の目標と手段（原因と結果）の因果関係を体系化したものである。非営利組織のマネジメントや効果測定に応用される方法で、文部科学省ホームページにも詳細の解説がある他、国際協力機構の報告書（2012）には、豊富な事例と成果指標が記載されている。政策体系やロジックモデルの詳細は、三好編（2008）や国際協力機構（2007）に譲り、内部質保証との関係において、改善マネジメントにどのように利用できるのか3つの側面から検討する。

　第1に、内部質保証で強調されている成果や到達目標について、指標や基準を明確にできる効用がある。ロジックモデルの基本構造は、政策体系で述べた「目的と手段のセット」であり、これが因果関係で連鎖している、と捉えてよい。図3（76頁参照）にロジックモデルを背景とした政策体系図のモデルを示した。多くの場合、アウトカムは最終アウトカムと中間アウトカムの2段階で示す。特に遅効性のある教育成果の場合、数年後に発

現する成果は、教育プログラム以外の効果も含まれ、「波及効果」として期待できる領域になる。マネジメントの観点からいえば、当該プロジェクトのマネジャーだけではマネジメントできない範囲（国際情勢の変化や経済動向の影響を受ける範囲）が最終アウトカムとして設定され、マネジャーにとっては責任範囲外だ。

　一方で、マネジメントによって達成すべき段階は直接アウトカムとして設定する。教育プログラムであれば、学生が獲得した能力そのものでもあるが、この他、例えば「社会調査プログラム」というカリキュラムにおいては、「社会調査手法を利用した卒業論文が〇%以上提出される」等の設定は直接アウトカムや評価指標の候補になろう。このように、アウトカムを多階層に分類し、因果関係を確認することで、成果の明確化をはかる仕組みとして活用できる。

　第2に、成果に対する手段の寄与度、つまり因果関係を予め明確にしておくことで評価可能性を高めることになる。成果が上がった、下がったというモニタリング（点検）は自己点検・評価においてもよく採用されている。しかし、なぜ成果が上がったのかその要因の探索（評価）の段階が欠落している場合がある。自己点検・評価書において「現状の説明」が何頁にもわたって記載されているにも関わらず、「評価」の項目は、1項目あたり数行しか記載されておらず、しかも要因を探索した結果（評価）ではなく、モニタリング結果（点検）のみが記載されている。ロジックモデルによって、成果に寄与する手段を明確にしておけば「何が効いたのか」という評価から、「どのような学生（所属、学年、成績、留学経験等）に効いたのか」等の探索を始めることが可能になる。そこに改善に向けた検討の糸口も生まれる。

　第3に、これも内部質保証で繰り返し語られている評価指標と評価基準を論理的に設定しやすいことである。内部質保証は、評価指標の設定について、ラーニング・アウトカムの設定と測定を求めているが、現実には学生調査に頼り、有用な手法を確立できていない。そこでロジックモデルの「手段群の実現をもってアウトカムが実現する」という関係を利用して、ラーニ

ング・アウトカムの代理指標として、アウトカムに対する寄与度の高い手段の指標やアウトカムと手段の因果関係の強い指標を、利用する方法もある。もちろん、目標値や基準の設定にあたっては、現況値が必要であるので、不明であれば、必要に応じてベースライン調査を事前に行う必要がある。

　ロジックモデルを用いることで、これまでの評価作業にありがちな「使えそうな数字」を集めることや「昨年よりも向上した数字」を探すことではなく、政策体系を確認しながら、改善のために必要な指標を選択し、達成度を客観的に評価する方法に転換できよう。

図3　ロジックモデルを背景とした政策体系モデルと教育の適切性評価

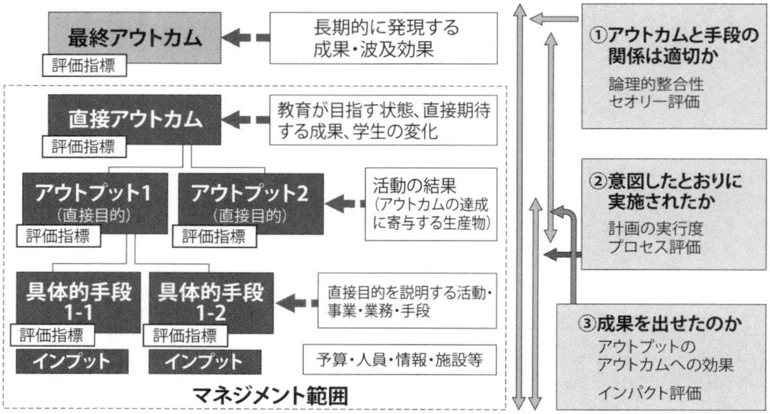

出所）古川・北大路（2004）及び龍・佐々木（2004）を参考に筆者作成

（4）ロジックモデルと業績測定

　期待通りのアウトカムを得るには「成果と手段群のセット」、いわば「作戦」ともいわれる政策体系が必要になる。しかし、優れた作戦であっても、必要な人員や予算が確保できなければ遂行されない。

　内部質保証の目的を改善サイクルとするならば、それは常に高い水準でアウトカムを生み出すマネジメントを期待しなければならない。そのため

には、成果に関心を寄せた評価が必要になるのである。

　まず、作戦の優劣、つまり目的と手段の整合性を評価する。図3の①は、論理的整合性を確認するセオリー評価とも呼ばれ、目的と手段のツリー構造が妥当な因果関係を構成し、これなら成果を出せると言い切れる作戦になっているかどうかを評価するものである。

　次に、意図したとおりに計画が実行されたのか、②に示した計画の実行度を確認するプロセスの評価を行う。作戦を企画したマネジャーに対して、予算や人員を担当するマネジャーは適切に対応したのか、人員・予算の供給をはじめ、法令や情報システムといった分野で障害が発生していなかったか、外部要因による遅延や中止などはなかったのか等、作戦の遂行状態を評価するものである。

　第3に、③に示したように、作戦が実際に成果を出せたのか、アウトプットとして生み出したものがアウトカムとして体現されたのか、アウトプットのインパクトを評価することで、成果に係る3段階の評価が完結する。

　昨今の内部質保証の議論では、アウトカムを評価する、いわゆるインパクト評価を強調しすぎていると思われる。評価実務者であれば、インパクト評価を行う以前に作戦の優劣や遂行の度合いを評価することを怠ってはならない。教育学の視点では、作戦の有意性は自明のものであり、遂行されることは当然なのかも知れない。しかし、大学マネジメントの実際は、優れた作戦ばかりが生み出されている訳ではなく、さらに作戦を遂行するには学内外に数々の障害がある。アウトカム以前にアウトプットを生み出すことさえ大変なことなのだ。

　教育目標やポリシーを実現するための教育手段を改善しようとするならば、評価の視点として、①計画は妥当であったのか（作戦評価：目的と手段群は整合しているか）、②計画したとおりに実践できたのか（遂行評価：手段はアウトプットを生み出せたのか）、③作戦の結果、成果は上がったのか（インパクト評価：アウトプットがアウトカムに効いたのか）、3点の視点から評価を行うことで、改善へのヒントを得ることができるだろう。

（5）PDCA サイクル〜何を改善するのか

　内部質保証の概念や定義において、PDCA サイクルは馴染み深い用語かと思う。しかし、政策体系やロジックモデルの理解なしに、PDCA サイクルを理解することは難しい。

　誤解を恐れずに言えば、PDCA サイクルは目標達成のためのマネジメント手法である。目標とその達成手段を決めることを「P」、実行のために準備し、計画通りに実行することを「D」、実施結果が目標どおりであったか測定・確認することが「C」、目標どおりでなかった場合、その原因を特定して目標に届くように措置（修正）するのが「A」である。ロジックモデルにそって理解すると、直接アウトカムやアウトプットの最大化を目指して、手段をより良いものに改善していく作業と言える。アウトカムと実績値を比較し、そのアウトプットはアウトカムに効いたのか、また、どの手段群、いわば作戦が効いたのかを検証していく作業だ。例えば、効果的な手段に重点化したり、効果の薄い手段に修正を加えたり、政策体系であるツリー図における「手段」を改善するのである。

図4　ロジックモデルと PDCA サイクルにおける改善活動

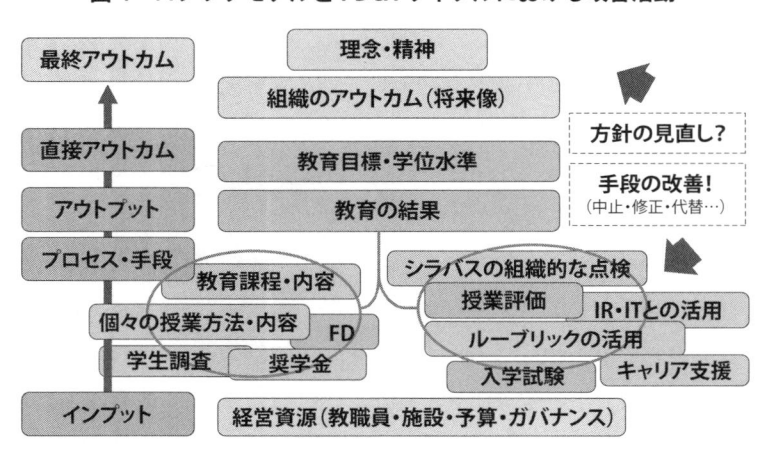

出所）筆者作成

　PDCA サイクルでは、マネジャーは、手段の「点検（現状分析）」と「評価（原因探索と判断）」を分けて行うことを理解し、その上で「計画の修正」が出来るようにありたい。この流れを業務レベルで、もう少し検討したい。

　注目すべきは、図 4 において、まずツリー構造の下部にあたる手段群である。まず行うべきは、手段群の実績を測定すること（点検）である。手段が計画どおりに実行されて期待されたアウトプットを生み出しているか確認する作業である。その際に、①現状から変化した増減と、②目標に対する充足度という 2 つの視点をもつと次の評価の段階で役に立つ。次に、手段のうち、それぞれがどの程度、アウトカムに寄与しているのか、どうして寄与しているのか要因を探索（評価）する。探索の視点はさまざまであり、データの統計的分析を行う他、層別、散布図、ヒストグラム、時系列、ベンチマーク、外部要因など、要因探索の手法を適用するとよいだろう。

　最後に計画を修正する。よく「改善計画を策定する」とも言われるが、改善のための計画は自由な発想で策定するというより、「既に実行した計画（手段）を修正する」ことであり、一定の基準によって、機械的に判断することも可能である。

　つまり、評価された事案について、より効果的な手段には「重点化」する、定例化できるプログラムは「標準化（ルーティン化）」の道筋をつける、効果が薄いものは、「中止」、「修正」、「入れ替え」等を検討する。修正の方向性をいくつかの種類に分類しておくことは、迅速に評価作業をすすめるために必須の手法であろう。点検・評価・改善計画に至る PDCA サイクルの時系列を図 5（次頁）に示したので参考にされたい。

　重要なことは、手段が測定（点検）すること、そして成功や失敗要因を事実から丁寧に探索（評価）することで、この作業なしに、政策体系の改善（修正）は実現できない。

図5　PDCA サイクル（時系列）と点検・評価・改善計画

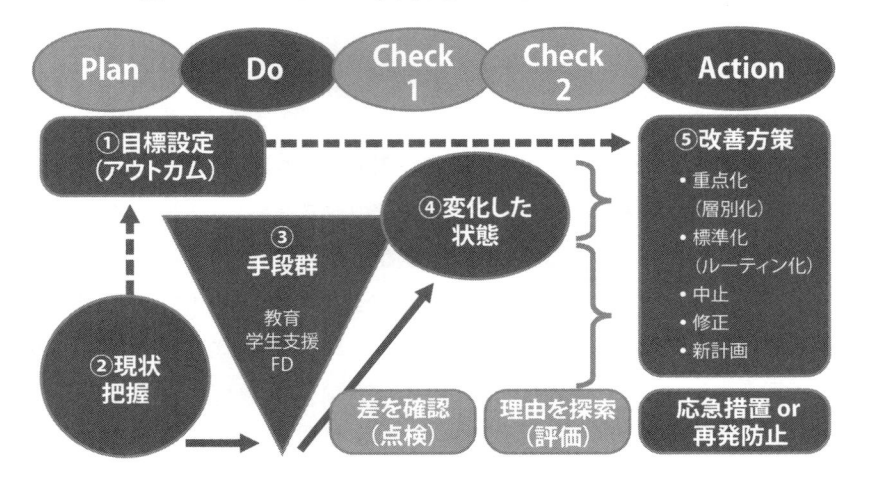

出所）筆者作成

（6）内部質保証に関する知識・能力

　これまで、政策体系、ロジックモデル、PDCA サイクルについて述べてきた。これらを理解することで、内部質保証に関わる各種の専門的な知識・能力の習得もスムーズになり、かつ、点と点であった概念やツールなどを政策として体系立てて、質保証の実務に対応できることだろう。

　評価に関することでは、調査設計、データ分析などの技能も必要であるし、改善計画に関しては品質管理の手法も応用できる。もちろん教育法令や、カリキュラム計画等への理解も必要である。内部質保証に係る検討は、本書全般にわたって掲載しているので、詳細は他の章に譲りたい。

5 内部質保証をいかに実践するのか

評価／ IR の実務

（1）卒業判定と GPA という政策体系

　前節では、内部質保証を理解するための基礎知識を述べたが、さて、私たちマネジャーの手元に、ポンと GPA データが与えられて、教育の適切性を評価して欲しい、と言われたらどうするだろうか。ストーリー（架空の事例）として紹介したい。

　GPA は何らかの手段になっているはずであるので、GPA によって生み出されるアウトプットと、その結果として変化するアウトカムをセットし、政策体系を整える必要がある。

　GPA は何のために存在しているのであろうか。採点結果の受け手からは学生サイドの指標でもあるし、採点者という点から教員サイドの指標にもなり得る。利用者という点では、奨学金の採用、留学基準など多様な関係者が存在する。よってアウトカムの候補も数多い。先に述べたように、政策体系やロジックモデルがあって評価を行うことは理想であるが、現実はそのようなことは少ない。日常業務のなかでの問題意識などから、改めてその業務の目的（アウトカム）を考えることになる。

　今回は、GPA を学習成果の間接的な代理指標として捉えて、卒業判定に有効であるのかどうかを点検し、評価することにした。次頁の図 6 は、学年別の GPA の点グラフ（サンプル）で、平均値「●」印が付いている。確認すると、4 年生（卒業者）と 4 年生（原級者）との間で、平均値に差があり、ある程度、GPA は卒業判定と相関がある、有効に機能していそうだと点検できる。しかし、点グラフで上下の分布を確認すると、4 年生（原級者）でも GPA の高い者が相当数おり、休学留学した者などと推測される。このデータから、留年率○％のうち、問題のある留年率は○％ぐらいなのか、休学留学しての留年者はどのような思いを抱いているのかなど、現段

階では改善事項には結びつかないものの、新たな課題を見出し、教育改善に向けた教職員間の議論や対話を生み出す評価になっているといえる。

図6　学年別 GPA（サンプルデータ）

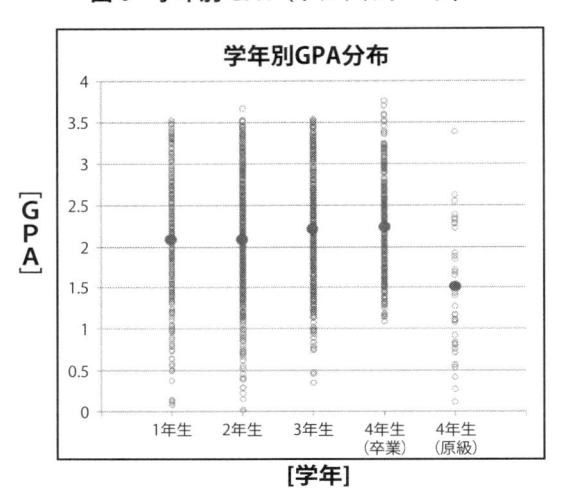

（2）教育実感とデータ

　ストーリー（架空の事例）の2件目は、入試形態別の GPA である。政策体系として、「より A 大学に適した学生を選抜する」というアウトカムと「そのための入試形態別 GPA データ」（手段）という構成を描ける。表1（右頁）は、例年の教務委員会で検討している資料であるが、入試形態別では GPA の値の差は小さく、改善の決め手に欠けるばかりか、教職員の実感とも異なるとの意見もあった。

　そこで、GPA に区切りを持たせてヒストグラムで示してみる。すると、入試形態別に特徴があることが分かる（右頁、図7参照）。同じデータであっても、平均値だけではなく、最頻値や中央値、歪度や尖度、分散といった多角的な点検をすることで、評価、すなわち問題点やその要因を深堀りで

きる事例である。

これまでロジックモデルや PDCA サイクルの理解を強調してきたが、実際の質保証の作業においては、これらの知識に加えて、教職員の実感、日ごろから学生に触れている肌感覚も重要であること、さらに教職員が実感したことを対話することによって、相互に共有する機会がなければ、多角的な点検を行うこともなかったことを指摘しておきたい。

PDCA サイクルが制度化されたからといって、何事も改善されるわけではない。ちなみに、ヒストグラム化された GPA からは、各教員がどのように成績を評価しているのか、所属や専門を超えた対話が生まれ、副産物として成績評価基準の改善に向けた「きっかけ」を提供できた評価であった。

表 1 入試形態別 4 年修了時 GPA（サンプルデータ）

入試形態	4 年修了時平均GPA
一般入試	2.25
推薦入試	2.30
特別入試	2.23

出所）架空のデータを用いたモデルとして筆者作成

図 7 入試形態別 4 年修了時 GPA（サンプルデータ）

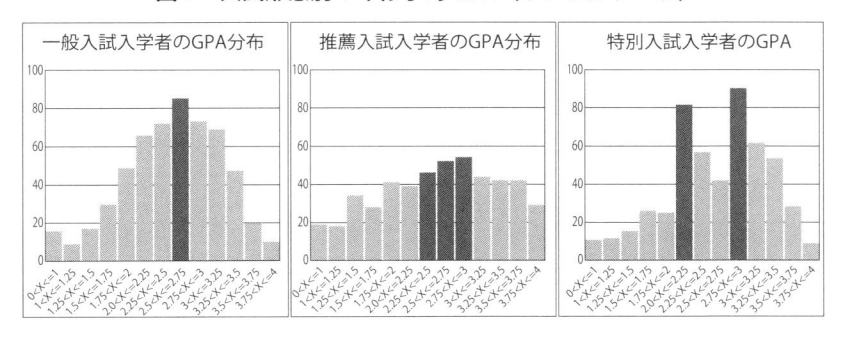

出所）架空のデータを用いたモデルとして筆者作成

（3）教育改善への議論を生む評価・IR とは

以上のように内部質保証を実践し、教育改善を進めていくには、教職員

の議論が生まれるような評価を行っていきたい。そのために、IR の役割は大きい。データの羅列を意味ある情報に変換して、教職員に「議論のきっかけ」を提供することができる。例えば、前述の例において、GPA データを入試形態別に層別化した上で、ヒストグラムで示し、その特徴をレポートしたことは、IR の基礎的な業務と言えるだろう。

　IR には意思決定支援という役割がある。よって一般的には上位者からのデータ提供依頼というアクションに対して、適切にリアクションしていく機能・部署であるといえる。藤原（2014）が指摘するように、IR オフィスは、意思決定を支援する良き脇役であり、意思決定者が IR オフィスの提供した分析レポートを読み、何らかの意思決定が行われることで、支援者としての役割を果たしたことになる（68 頁：図 1 参照）。

　しかし、頻繁な人事異動や役職交代があるような大学においては、上位者が問題点を指摘し、データをリクエストすることは稀であろう。もちろん、「欲しいデータがあれば、教えてください」と聞いても依頼はないだろう。内部質保証を動かしたいのであれば、ここでも丁寧なコミュニケーションが必要になる。Ｔ・レビット（1960）の顧客志向マネジメントの立場に立てば、「顧客は、データが必要なのではなく、抱えている課題の整理や解決をしたいのだ」ということである。評価 /IR 担当のマネジャーは、学部長や学科長などに、①問題を聞く、②そして、解決のためのデータをつくる、③レポートとして提供する、という活動を計画する必要がある。また、①問題を聞く場合に、手ぶらでは対話も弾まないこともあるだろうから、サンプルデータや大学全体のデータ、他大学同系統学部のデータとの比較など、基礎的統計データを持参するとよいかも知れない。

　評価や IR の立場から、アクションを起こしても教育改善は実現しないだろう。教育活動はプロフェッション集団によって、すでに自立的に行われていることを尊重するべきである。できることは、定型レポートを提供したり、データを通じたコミュニケーションをしたりすることから、教職員が改善に向けたアクションを起こしやすく支援することだ。また、学部

長などからアクションがあれば、評価／ IR マネジャーは自然とリアクションできるように、調査設計やデータ分析に係る知識・能力を高め、データ基盤を整え、そして学内での信頼関係を整えておく必要がある。

　質保証の原点は、教育や学生への関心である。教育について、思わず、何かを判断したり、推論したり、発言したくなる、そのような素材やデータが揃って、闊達に教育の未来を語ることができる。そのような評価の現場からこそ、教育改善に向けた検討が始まる。

6 教育改善に向けたマネジャーの役割

（1）改善志向マネジメントと成果志向マネジメント

　今後、多くの大学において、マネジャーは、業務プロセスや組織の簡素化のみならず、教育の質と効率性の向上にチャレンジする機会が増えるだろう。

　質保証を進めるには、業務改善を志向する TQM や、ゼロベースでの見直しを行うリエンジニアリングが参考になる。両者が重視するのは、顧客（学生、社会のみならず内部顧客としての教職員も含む）に集中して成果を上げることにあり、手段の改善を図ることを目的としていることから、学習成果を重視して教育のあり様を改善していく内部質保証の概念と親和性がある。

　ただし、TQM とリエンジニアリングでは、改善方法に違いがある。TQM は継続的改善プロセスであり、改善の向上を求める。例えば、費用であれば、常に低減させることが求められ、目標達成というゴールがない。一方、リエンジニアリングは成果の向上を求め、不要な手段を中止して、新たな手段を開始する。ここでは「今まで行ってきたから」という理由で活動を継続することが通用しない。PDCA サイクルにおいて教育の適切性を評価し、改善する場合、両者いずれの場合も考えられるかも知れない。

　また、情報システムの活用と正確な測定は、両プログラムに共通してい

る。内部質保証でも「ラーニング・アウトカム」の指標を定め、測定する
ことを求めており、両者と共通する。指標と基準の設定と測定は、大学に
とっては大きな課題であるが、成果を生むための改善を実現するために、
必要なプロセスである。

(2) 業績の正確な測定

　ラーニング・アウトカムの指標設定と測定方法に、解決策はないものだ
ろうか。この作業を政策体系とロジックモデルに落として、ツリー構造と
して考えてみたい。

　78頁に示した図4の政策体系からは、ラーニング・アウトカムを測定
したとしても、教育現場である手段群が、どの程度アウトカムに寄与した
のか、その判断は難しいと分かるだろう。アウトカムだけに注目した政策
体系はあり得ない。アウトカムは「手段群とのセット」であること、「手
段群が全て達成されてアウトカムが達成される」という関係にあることは
先に述べた。もし、ラーニング・アウトカムに対する手段群の寄与度が測
定できる政策体系を作られていればよいが、多くの大学では未だ試行錯誤
の段階だ。

　ラーニング・アウトカムの指標化や測定が難しい場合、それは政策体系
が未整備である可能性が高い。ロジックモデルの考え方を利用して、まず
手段群のそれぞれについて実績データを測定し、その手段がアウトカムに
どれだけ寄与しているのか考えてはどうだろうか。これはベースライン調
査と同じような役割を担い、現在の教育活動が、どの程度ラーニング・ア
ウトカムに貢献しているか調査し、調査した指標について評価基準を設定
するという方法である。その活動をどの程度増加させたら、アウトカムが
どの程度達成されるのかという因果関係まで掴めたら、マネジメントに活
用できる政策体系になるだろう。

（3）支援者として対話を重ね、現場を観察する

　TQM とリエンジニアリングは共通して、部下や現場に権限移譲したり、QC サークル（小集団改善活動）のように現場をエンパワーメントすることがある。マネジャーが教育改善を進めるには、ラーニング・アウトカムばかりに注目するのではなく、教育現場である手段群の活動における努力やアウトプットデータの変化を地道に確認することも忘れてはならない。現場で何が起きているのかを緻密に観察することで、どのような問題が生じているのか、その原因は何かを考察することから、私が出来ること、行うことを定めることができる。要望（〜したい）や義務（〜すべき）ではなく、現場の事実から未来に向けた改善活動が生み出される。

　改善を実現するには、多くの教職員と対話を重ね、彼らの支援者となることだ。そこに教育改善に向けた機運が生まれ、改善実績が積み重なる。教育改善の「政策体系」は、改善実績の積み重ねによって、目的と手段のツリー構造を強化し、質保証の仕組みとして構築される。ツリー構造の因果関係が明確になっていくにつれて、ラーニング・アウトカムの評価方法も定まり、質保証の方法も確立することになるだろう。

　本書は、「ハンドブック」を読み解くために編集された。内部質保証を実践する場合に、どこから着手すればよいのか、その手掛かりになれば幸いである。私であれば、隣の研究室の先生は、どのような基準を設けて採点しているのか、具体的な事実に関心を寄せて、まず対話をすることから始めたい。そこから、現実に起こっている問題を確認した後に質保証の設計を行い、教育改善に向けた議論を展開する。統計的なデータ活用を基礎に、今起きている問題を解決するために私にできること、つまり、"テコ入れの一手"を探っていくのである。

主な参考文献
[書籍]
・TQM 委員会 (1998)『TQM21 世紀の総合「質」経営』日科技連出版社
・M・ハマー、J・チャンピー (2002) 野中郁次郎監訳『リエンジニアリング革命』日本経済新聞社
・ハリー・P・ハトリー (2004)『政策評価入門』東洋経済新報社
・米国行政学会行政研究センター (2004)『業績評価の世界標準モデル』東京法令
・古川俊一、北大路信郷 (2004)『新版公共部門評価の理論と実践―政府から非営利組織まで』日本加除出版
・龍慶昭、佐々木亮 (2004)『「政策評価」の理論と技法』多賀出版
・山田秀 (2006)『TQM 品質管理入門』日本経済新聞出版社
・独立行政法人国際協力機構 (JICA) 編 (2007)『プロジェクト評価の実践的手法』国際協力出版会
・ステファン・P・ロビンス (2007) 高木晴夫監訳『組織行動のマネジメント』ダイヤモンド社
・三好晧一編 (2008)『評価論を学ぶ人のために』世界思想社
・龍慶昭、佐々木亮 (2009)『大学の戦略的マネジメント―経営戦略の導入とアメリカの大学の事例』多賀出版
・アダム・カヘン (2014) 小田理一郎監訳『社会変革のシナリオ・プランニング』英治出版

[論文]
・T・レビット (1960)、DHBR 編集部訳 (2001)「新訳マーケティング近視眼」『Harvard Business Review』第 26 巻第 11 号、ダイヤモンド社
・今村都南雄 (1994)「ガバナンスの概念」『季刊行政管理研究』第 68 号、財団法人行政管理研究センター
・大塚雄作 (2002)「高等教育における評価の諸要素とその機能」『大学評価』第 1 号、大学評価・学位授与機構
・藤原宏司 (2014)「IR って何?―こんなことやっていたり、思ったりしていますー」、『「米国における IR 実践を通して考える日本型 IR」報告書』大学評価コンソーシアム
・小湊卓夫 (2016)「IR 活動に関するガイドラインの日米比較と今後の展望」、情報誌『大学評価と IR』、第 6 号、大学評価コンソーシアム
・山本幸一 (2016)「設立初期の IR オフィスにおける意思決定支援の効果的運用に係る検討」『大学評価と IR』、第 6 号、大学評価コンソーシアム

[WEB]
・佐藤 仁 (2014)「IR から IE へ? - 大学評価における IE と内部質保証の比較分析―」大学評価担当者集会 2014、講演資料
http://iir.ibaraki.ac.jp/jcache/documents/2014/acc2014/session1/acc2014-1_sato_ppt.pdf
・中央教育審議会「学士課程教育の構築に向けて (答申)」(2008 年 12 月 24 日)
http://www.mext.go.jp/component/b_menu/shingi/toushin/__icsFiles/afieldfile/2008/12/26/1217067_001.pdf
・独立行政法人国際協力機構人間開発部 (2012)「高等教育協力プロジェクトの評価指標の標準化検討プロジェクト研究報告書」
http://open_jicareport.jica.go.jp/pdf/12114062_01.pdf

第2部
大学基準協会『内部質保証ハンドブック』による提言

内部質保証の効果的運用のための道標

大森不二雄

Ohmori Fujio
東北大学

KEY WORD

学修成果／ PDCA サイクル／三つの方針／学位プログラム

はじめに

本稿は、『内部質保証ハンドブック』（以下、『ハンドブック』という）第1章及び第2章並びに第3章第1節を踏まえ、同『ハンドブック』第3章第2節「内部質保証体制の運用の在り方（提言2）」の趣旨を分かりやすく解説することが主たる目的である。同『ハンドブック』自体、大学の教職員を対象とするこの種の文書としてはかなり率直な語り口で、いわば「とんがった」提言を行っているが、本章では、提言に込められた問題意識を更に鋭利にし、メッセージを明晰にしたい。なぜなら、「内部質保証」が実質的に機能し、目的を達するかどうかは、大学関係者自身がこの概念をどう理解し、この営為にどう取り組むかに懸かっているからである。

『ハンドブック』第3章第2節の内容は全てカバーした上で、全体としてより理解しやすい文章表現（記載順の微修正を含む）を心がけるとともに、

『ハンドブック』にはない内容を追加した部分もある。後述する〈提言0〉の追加は、その典型例である。

　我が国では、「内部質保証」の重視が謳われるようになったものの、この概念への本質的な理解が進まないまま、各大学では、文部科学省や認証評価機関に求められた「新たな業務」として、大学執行部（法人経営陣）と限られた教職員が担当し、「対応」する傾向にあると言えよう。多くの大学において認証評価を前にした自己点検・評価業務と同一視されている実態がある。言い換えれば、大学の外あるいは上からの要求として受け止められ、一般教員が我が事として認識しているとは言い難い状況にある。このような現状のまま、内部質保証のノウハウやツールだけに着目しても、望ましい結果をもたらさない。

　「内部質保証」とは、本来、学生の学修の質を高め量を確保し、学修成果を向上させるためのプロセスそのものであり、その営みの最重要の主体は、授業や学習支援等を担う教職員一人ひとりであり、その共同体としての各大学である。大学教育の内部質保証を実現するという大学自身の責任は、一義的には、文部科学省や評価機関ではなく、学生や社会に向けられるべきものである。また、学問を基盤とした教育・学習を通じ、学生が社会で求められる様々な知識・能力・資質の獲得を担保することは、高等教育機関としての大学の第一の使命であると同時に、専門職としての教職員の誇りと喜びの源泉であるはずである。

　本稿の解説する『ハンドブック』第3章第2節は、全ての大学とその構成員への提言として、内部質保証は、外部から要求された付加的業務ではなく、大学教育が本来の使命を果たすための営みそのものであることを理解いただき、使命感と遣り甲斐をもって取り組んでいただくことを目指している。

　各提言はいずれも、内部質保証が意義の実感できない業務負担に堕してしまうことなく、大学教育と学生の学びを実質化していくプロセスとして機能するにはどうしたらよいか、という課題認識で首尾一貫している。その際、

内部質保証について陥りがちな誤った解釈のリスクにも触れ、教育・学習の実質化による学修成果の向上という本来の目的を常に意識していただくよう工夫している。

このような内部質保証本来の目的に資するため、『ハンドブック』第3章第2節の〈提言1〉から〈提言8〉に加え、新たな提言をここに追加したい。

〈提言0〉 内部質保証は、貴学の教職員一人ひとりによって担われる営みであるとの理解の普及及び大学を挙げての取組に向けて、教職員の使命感と誇りに訴えるFD・SDを貴学として（他大学等との連携を含め）実施されることが望まれます。

なお、以下に解説する一連の提言においては、「内部質保証」のほか、「学修成果」、「学位プログラム」及び「教学マネジメント」という関連キーワードが頻出する。いずれも、大学教育の鍵概念と言えよう。これら4つの概念は、相互に密接に関連し合いながら、大学教育の改善・改革の方向性を指し示すものである。くどいようだが、これら全ては、各大学の学生の学習の充実と学修成果の向上のためのものであり、国の政策への対応のためにあるのではない。

〈提言1〉 内部質保証は、認証評価への対応ではなく、貴学の「学生の学修成果」を向上させたいとの「教職員の願い」を出発点とすることが大切です。

国内外を問わず、内部質保証に成功している大学は、例外なく自学の学生の学習の充実と「学修成果」の向上を目的として、様々な教育改善のための仕組みを整備し、創意工夫を活かした教育実践に取り組んでいると言える。実質的には内部質保証システムが存在し、機能していても、当該大学は、自らの取組について「内部質保証」という言葉を使用していないこ

とも少なくない。代わりに「FD」という用語を広義に使う大学もあるし、教育活動の「改善」という平易な言葉遣いで説明する大学もある。

　そうしたグッド・プラクティスは、決して認証評価その他の大学評価への対応を自己目的化した業務の取組ではない。見映えの良い組織図を描いて新たに委員会等を設置・開催することにより、「内部質保証」体制が存在し機能している「ふり」をすることは可能かもしれないが、それでは余計な仕事が増えるだけに終わりかねない。

　内部質保証の究極の目的は、学生の学修成果を向上させることである。多くの大学においてほとんどの教員・職員が学生に有意義な学びを達成してほしいと願っているはずであり、その願いの共有こそ、内部質保証の取組の出発点である。そして、その願いの実現のためには、学生の学習を「質・量両面で充実」しなければならない。2012（平成 24）年 8 月の中教審答申「新たな未来を築くための大学教育の質的転換に向けて」（以下、「質的転換答申」という）が、受動的な受講から能動的な学修（アクティブ・ラーニング）への質的転換を掲げ、そのための要件として学生の学修時間の増加・確保を求めたのは、そうした課題認識に基づいて政策の方向性を示したのである。

　学習の「質」が重要であることは論を俟たないが、我が国の大学教育の最大の問題は「量」に表れている。すなわち、学生の多くが授業時間外にほとんど勉強しないという問題である。「学修」しなければ「学修成果」があるはずもない。大学生は勉強しないという「日本の常識」は、「世界の非常識」である。ただし、勉強しない大学生という我が国特有の問題の原因は、学生の生来のやる気のなさにあるのではなく、あまり勉強しなくても単位を取得し卒業できてしまう大学教育の在り方、並びに、企業の採用担当者が「学業成績は関係ない」と公言するように大学教育の付加価値をあまり重視しない新規学卒採用にある。実は、このような採用の在り方も、国際的には異様である。大学教育と雇用慣行の両要因は、相互に連関し強化し合っているが、この答申は大学教育の側からの変革を提案したものと言える。

しかし、いくら中教審や文科省が声を大にしても、霞が関で学生が学修するわけではない。学修時間の増加が実現する場は、個々の大学教育の現場をおいてほかにない。もしもある大学が、「うちの学生は授業時間外にこんなに学習している」とのデータを誇れるようになったとすれば、その大学の教育は至高の成果を達成したことになり、当該大学には内部質保証システムが構築され機能しているに違いない。

　大学教育の「質」の面については、質的転換答申は、「従来のような知識の伝達・注入を中心とした授業から、教員と学生が意思疎通を図りつつ、一緒になって切磋琢磨し、相互に刺激を与えながら知的に成長する場を創り、学生が主体的に問題を発見し解を見いだしていく能動的学修（アクティブ・ラーニング）への転換が必要である」（同答申9頁）との「質的転換」を提言した。「アクティブ・ラーニング」として同答申が想定しているのは、「個々の学生の認知的、倫理的、社会的能力を引き出し、それを鍛えるディスカッションやディベートといった双方向の講義、演習、実験、実習や実技等」（同答申9頁）である。ここで注意しなければならないのは、学生のアクティブな活動自体を自己目的化するのではなく、活動を通じて学生の頭脳をアクティブにする必要があるという点である。また、カリキュラム編成においていわゆる「座学」と「アクティブ・ラーニング」を関連付け、授業実践においても体系的な「学術知」と「実践知」の関連性を意識させることが重要であることを忘れてはならない。

　各大学の教育理念や学生の実態に相応しいやり方で、上述した学生の学習の質的・量的充実を成し遂げることこそ、内部質保証の目指すものであると理解いただきたい。学生の学びと成長こそ、大学の教職員が共有する願いではなかろうか。内部質保証は、その願いの上に拠って立つものである。その願いを実現できるのは、各大学自身しかない。文部科学省でもなければ、認証評価機関でもない。「質保証の一義的責任は大学自身にある」と言われるのはそうした意味であり、「内部」質保証が大切な理由はそこにある。

> 〈提言 2〉　内部質保証は、自己点検・評価の別名ではなく、「学位プログラム」の設計・管理・評価・改善の PDCA サイクル全体の営みであるとの理解を共有しましょう。

　認証評価が第 2 サイクルに入って以降、大学自身が質保証の第一義的責任を負うべきとの国際的潮流に沿う「内部質保証」の重視が謳われている。大学基準協会は、2011（平成 23）年度実施分の認証評価から、内部質保証の評価を導入している。こうしたいきさつから、大学は、「内部」質保証について、「外部」（文部科学省及び認証評価機関）からの要求による「評価」業務として捉え、これに「対応」する傾向にある。元来、自己点検・評価に始まり、やがて認証評価が制度化されるなど、「大学評価」として「質保証」が制度化されてきた経緯もあって、「質保証＝評価」という理解が一般的であることから、内部質保証が認証評価への対応業務として受け止められても仕方ない面がある。

　こうした背景の下、『ハンドブック』第 2 章で紹介したアンケート調査結果の考察から、多くの大学において「内部質保証」が「自己点検・評価」の別名であるかのように捉えられている傾向が窺える。たしかに、内部質保証も自己点検・評価も、改善指向型の営みである点において共通する。しかし、大学教育の質保証がかつての自己点検・評価に先祖返りするだけなら、自己点検・評価の努力義務化（1991 年）以来のこの四半世紀の取組の進展は、いったい何だったのかということになる。分厚い自己点検・評価報告書を作成し、認証評価機関の評価をクリアすれば、それで一仕事が終わった、ではないはずである。

　「内部質保証」は、PDCA の循環サイクルを内包し、この自己改善サイクルを恒常的・継続的に運用していく過程と仕組みであり、「自己点検・評価」よりも広義の概念として捉えるべきものである。当然のことながら、「学位プログラム」の自己点検・評価は、それ以前にプログラムの設計・構築及

び実施・管理を必要とする。そして、自己点検・評価で終わるのではなく、改善・改革に結び付かなければならない。つまり、学位プログラムの「設計・管理・評価・改善」という一連のプロセス及びシステム全体こそ、内部質保証の本質なのである。内部質保証は、自己点検・評価への「先祖返り」ではなく、「PDCA サイクル全体」の営みへの「進化」でなければならない。

　我が国の大学教育の質保証にとって、時代を画する政策文書は、2008（平成 20）年の中教審答申「学士課程教育の構築に向けて」（中教審、2008）（以下、「学士課程答申」という）である。同答申は、「学位授与の方針（ディプロマ・ポリシー：DP）」、「教育課程編成・実施の方針（カリキュラム・ポリシー：CP）」、「入学者受入れの方針（アドミッション・ポリシー：AP）」の「3 つの方針（ポリシー）」の明示を求めるとともに、学士課程共通の学修成果に関する参考指針として「学士力」を示すなど、大学教育に踏み込んだ改革を迫った。また、「内部質保証」という用語が国の政策文書に初登場したのも、この学士課程答申においてであった。これは偶然ではない。

　「3 つのポリシー」の策定が目指すものは、世界的趨勢ともいえる学修成果に基づく「学位プログラム」の体系化によって大学教育の質を保証することである。学位プログラムの「体系化」とは、意図する学修成果を生み出せるよう、プログラムの構成要素である教育課程、教授・学習活動、成績評価等を相互に整合させ、システム的に統合することである。「3 つのポリシー」の意義は、期待する学修成果を人材養成目的として明確化し、その目的に整合した形で一貫性・統合性を備えたカリキュラム・教授法・評価法を整備するとともに、これに相応しい資質を有する入学者を確保する、という 3 つの方針を一体的に「見える化」することによって、大学自身の組織的な質保証の基盤を構築することにある。換言すれば、学位プログラムの体系的構築は、内部質保証の根幹をなすものと言える。

〈提言 3〉　「評価」の前に「設計」及び「管理」が内部質保証にとって極めて重要です。

　ここで強調すべき点は、「評価」（チェック）以前に、学位プログラムの「設計」（デザイン）こそが内部質保証の起点となり、「管理」（マネジメント）が適切に行われなければならないということである。内部質保証の全ては、学位プログラムの「設計」から始まる。3つのポリシーとは、煎じ詰めれば、入口としてどこのどのような人々を対象とし（AP）、出口として社会・経済においてどのような役割・職務を担う人材に育成するため、どのような知識・能力等を獲得してもらうべく（DP）、どのような内容・方法の教育を行うか（CP）、という首尾一貫したロジックで統合された「筋の良い」プログラムをデザインするためのものである。

　既にある学位プログラムの質保証に当たっては、どういう教育上の目的でこのプログラムが設置されたのかを十分踏まえた上で、内部質保証の営みに取り組むことが必要であるが、そもそも教育上の目的そのものが曖昧な美辞麗句にとどまっていることも少なくない。こうした場合、既設プログラムであっても、以下に述べる通り、「設計」の観点から見直すことによって、プログラムの改編が必要になる場合がある。

　どのような若者や社会人をターゲットとし、どのような人材需要に対応して、どのような知識・能力等を、どのようなカリキュラムと教授法で身に付けさせようとするのか、という基本コンセプトが不明瞭な「筋の悪い」プログラムでは、学習者のモティベーションを保持することも、教育者のモラールを高めることも望み薄である。入口・過程・出口の整合性を欠いた「筋の悪い」プログラムでは、「アドミッション・ポリシーを作成しました」「授業改善のためのFD活動を実施しています」「キャリア支援に力を入れています」などと、バラバラの取組を並べても、全体としての教育の質、トータル・クオリティーを保証することは、覚束ないと言わざるを得ない。

　既設のプログラムの筋が悪い場合は、改編すなわち再設計が必要となる。それにはプログラムの新設以上の困難が伴うが、内部質保証を実質化するためには避けて通れない課題である。

　学位プログラム設置時またはプログラム見直し時の設計は、内部質保証

にとって死活的に重要である。内部質保証は、学位プログラムの入口（対象となる学生層）、過程（教育内容と教授・学習法）、出口（獲得される知識技能とそれを活かせる労働市場等）を首尾一貫したロジックで統合する「設計」を必要とするのである。

　次に、学位プログラムの「管理」も重要である。設計された学位プログラムが絵に描いた餅に終わらないためには、プログラムを適切に実施するマネジメントすなわち「管理」が大切である。例えば、特定の学位プログラムに参画する教員その他のスタッフが定期的に一堂に会し、CP に基づく各科目の教育内容の相互点検、集団的討議によるシラバス・ガイドラインの作成、シラバス中の成績評価基準の相互チェック等を行うプログラム・マネジメント・チーム会合を定例化すれば、教育の組織的な管理と恒常的な改善への取組そのものが良質な FD 活動となり得る。このように日常的・継続的な教育改善としての組織的 FD のメカニズムを教育の実施体制の中に内蔵しているような在り方は、内部質保証にとって理想的な教学マネジメントの一例と言える。こうした在り方は、相互不干渉の各教員の個人的営みという性格の強い従来の大学教育の在り方よりも、教職員間の緊密な協力と相互支援を伴う真の「同僚性」（collegiality）に近づくものである。

〈提言 4〉　全学のみならず学部・研究科等においても「**教学マネジメント**」と**ガバナンスを確立することが肝要です。**

　質的転換答申では、大学教育改革の鍵概念として、「教学マネジメント」という用語が、本文中に 11 回登場する。また、同答申は、「教学マネジメント」と「学位プログラム」を一体的に論じている。すなわち、学士課程教育の質的転換への方策の一つとして、「全学的な教学マネジメントの確立」を挙げるとともに、「学生の能力をどう伸ばすかという学生本位の視点に立った学士課程教育へと質的な転換を図るためには、教員中心の授業科目の編成から学位プログラム中心の授業科目の編成への転換が必要である」

とし、「このような全学的な教学マネジメントの確立のためには、学長のリーダーシップによる全学的な合意形成が不可欠であり、それを可能とする実効性ある全学的なガバナンスと財政基盤の確立が求められる」との論を展開している（同答申 15-16 頁）。

さらに、同答申は、次のように、「学修成果」、「学位プログラム」、「教学マネジメント」、「内部質保証」という 4 つの概念の強い関連性を示している。すなわち、「プログラムの改善・進化という一連の改革サイクルが機能する全学的な教学マネジメントの確立を図る」（同答申 20 頁）と述べるとともに、「各認証評価機関の内部質保証を重視する動きを踏まえ、全学的な教学マネジメントの下で改革サイクルが確立しているかどうかなど、学修成果を重視した認証評価」（同答申 22 頁）を要求している。

学士課程答申と質的転換答申を参照すると、学修成果に基づく大学教育改革という政策潮流の継続が読み取れる。学士課程答申は、「教学マネジメント」ではなく、「教学経営」という用語を使っていた。答申本文中、5 回登場する。同答申の冒頭近くで、「学士課程教育を構築するには、学部・学科等の縦割りの教学経営が、ともすれば学生本位の教育活動の展開を妨げている実態を是正することが強く求められる」（同答申 1 頁）とあるのが初出である。「改革の実行に当たり、もっとも重要なのは、各大学が、教学経営において、『学位授与の方針』、『教育課程編成・実施の方針』、そして『入学者受入れの方針』の三つの方針を明確にして示すことである」（同答申 7 頁）とし、「三つの方針」による「学位プログラム」の体系化は、「教学経営」において実現されると位置付けていることが分かる。

また、両答申からは、「学部・学科等の縦割りの教学経営」から「全学的な教学マネジメントの確立」へという課題認識も看取できる。これは、我が国の大学教育について、概して学部・学科任せの傾向があり、大学全体としての組織的な教育の取組が弱い、という問題意識によるものと言えよう。この問題意識自体は、正鵠を得ている面もある。

しかし、多くの大学において学位プログラムを担う主体が学部・学科等

であるという現実に照らせば、全学レベルのみならず、学部・研究科等及び学科・専攻等のレベルにおいても、「教学マネジメント」と「ガバナンス」の確立が必要であることは論を俟たない。また、大学教育改革が、国の政策レベルや全学のポリシー・レベルにとどまらず、教育実践にインパクトをもたらし、実質化するためには、できるだけ多くの教員が改革へのオーナーシップを共有することが肝要である。この点からも、学部・研究科等レベルの教学マネジメント及びガバナンスの有用性への認識が必要である。もとより、各大学の歴史・規模や特色等に応じてマネジメントやガバナンスの実態は多様であり、課題も多様であることから、我が国の大学として一括りにできないことは言うまでもない。

　日本では、ガバナンスやマネジメントは、学長、全学、トップダウン、といったイメージで語られる。しかし、国際的に見れば、大学ガバナンスや教学マネジメントは、全学レベルだけに偏って論じられているわけではない。例えば、バートン・クラーク（Clark 1996: 426 － 428）は、欧州の 5 大学の事例調査に基づき、起業家的／革新的な大学に共通する特徴として、強化された大学経営の中核のみならず、学科・専攻や学部・研究科の活性化を挙げた。我が国においても、教育研究を直接担う学部・研究科等をガバナンスやマネジメントの障害とみなすのではなく、その活性化を図る視点が必要ではないか。

　日本の大学の多くが直面している課題は、学修成果に基づく学位プログラムの設計・管理・評価・改善の PDCA サイクルによって、大学教育の内部質保証を機能させることであり、それを可能にする教学マネジメントとガバナンスを全学及び学部・研究科等の両レベルで確立することであると言えよう。

〈提言 5〉　全学レベル（マクロ）、プログラムレベル（ミドル）、授業レベル（ミクロ）をリンクさせましょう。

　学修成果に基づく学位プログラムの内部質保証が機能するためには、全学及び学部・研究科等の両レベルの教学マネジメントは、相互に整合性を持って統合された学内システムを構成する必要がある。加えて、学修成果が実現する場は、個々の授業をおいてほかにないので、教員は、担当する授業科目で受講生に期待する学修成果を学位プログラムのディプロマ・ポリシー中の学修成果に関連付けながら、授業を設計する必要がある。全学執行部、学位プログラム及びその担い手たる学部・研究科等、個々の教員が担う授業科目、これら 3 つのレベルが相互にリンクされなければ、大学教育の内部質保証は絵に描いた餅となる。

　ところが、学位プログラムレベルのポリシーが求められたのは近年のことであり、科目レベルの授業改善が先行して FD として取り組まれてきた経緯から、プログラムレベルで規定された学修成果を科目レベルに落とし込む仕組みは未確立であり、両レベルをリンクした取組は今後の課題であるというのが、多くの大学にとって偽らざる実態ではないかと考えられる。

　更に踏み込んで言えば、政府の政策を受けて、多くの大学において現実に行われたことは、ディプロマ・ポリシーやカリキュラム・ポリシーに基づくカリキュラムと授業の変革ではなく、カリキュラムや授業の現状に合わせたポリシーの策定ではなかろうか。このような傾向は、日本に限った話ではない。例えば、質保証の先進国とされる英国においても、「プログラム仕様書」（各大学が学位プログラムごとに作成する文書で、日本の 3 つのポリシーに類似した内容を含む。）に基づいてカリキュラムを設計するのではなく，逆に従来のカリキュラムに合うようにプログラム仕様書を作成するペーパーワークとして処理されたとの事例研究もある（大森 2014）。

　全学レベルや学位プログラム・レベルのポリシーは、授業レベルにインパクトを持たなければならない。それでは、これら 3 つのレベル間のリンクは、具体的にどうすれば実現できるのであろうか。そうしたリンクを実現するための実効性のある具体策の一つは、シラバス改善の組織的取組である。シラバスは、授業科目と学生との接点（コミュニケーション・ツール）

であると同時に、プログラム・レベルの学修成果（DP）と授業科目レベルの学修成果の接点でもあり、学修成果に基づく大学教育の体系化を実現するため、シラバスが決め手になり得る。学位プログラムを担う学部・研究科等は、シラバスを個々の教員任せにするのではなく、学位プログラムにおける当該科目の役割に照らして、シラバスの記載内容を点検し、必要な修正を求めることができる。言うまでもなく、これは、単なるシラバスという文書の修正ではなく、授業実践（成績評価等を含む）そのものの修正を意味する。

　これは、授業計画をトップダウンで決めるという意味ではない。もとより、個々の授業を担当する各教員の教育観や専門性に基づく創意工夫は極めて重要であり、各教員の創造性とプログラムが求める整合性との良い意味での緊張関係、トップダウンとボトムアップとの対話の中で教育のイノベーションが創発されることが理想的であろう。

　また、シラバスにおいて、教員は予習・復習など授業時間外の学習を促すよう工夫することができるし、大学や学部・研究科等は授業外学習について記載を求めることが可能である。さらに、教員は授業方法が学生の能動的学修（アクティブ・ラーニング）を促すよう工夫することができるし、大学や学部・研究科等は授業方法の特色について明記を求めることが可能である。すなわち、大学教育の「質的転換」を図る上で、シラバスは大きな役割を果たし得る。

　大学教育が実質化する場は、個々の授業実践にほかならず、授業が学生に獲得を期待する学修成果を明示し、そのための授業内容・方法及び成績評価法等を記載することにより、授業デザインを行う機会は、シラバスの作成にほかならない。学修成果に基づく授業デザインのツールとして、シラバスは大きな可能性を持っているはずである。しかし、現状では、そのポテンシャルが十分に活かされているとは言い難い。したがって、シラバスを活用した授業設計を FD 活動等によって普及することが、多くの大学にとって有効であると考えられる。

　その際、授業担当教員の教育者としての自負と誇りに訴えることが大切である。なぜなら、上述した授業デザインは、国の政策や全学レベル又は学位プログラム・レベルのポリシーからの要求によって初めて必要になるものではないからである。そもそも授業である以上は、外から要求されなくとも、「デザイン」（設計）を必要とする。いかなる授業科目であれ、教員が意図した学修成果が、絵に画いた餅で終わらず、学生によって修得されるためには、当該授業科目の教育内容・教授法・授業外学習・評価法等の諸要素が、相互に整合し首尾一貫したシステムとして、学修成果の最大化という目標へ向けて「設計」されなければならない。

　学修成果に基づく授業デザインの理論を唱えたジョン・ビッグスらは、こうした原理を「意図した学修成果と教育・学習活動及び評価課題の統合」（Biggs & Tang 2007: 50）として捉える。そして、「意図した学修成果がシステム全体の中心的位置を占める。まず学修成果を正しく設定しなければならない。しかる後に、どのように教え、どのように評価すべきかに関する決定が続く。」（ibid., 60）という。ただし、そうした授業は、あらかじめ決められた学修成果だけに焦点を当てるものではなく、意図せずもたらされた望ましい学修成果をも認めるものだとする（ibid., 53）。また、以上のような授業デザインは、「良き教師がいつでも行ってきたことをシステム化する」（ibid.）ものであるという。

> 〈提言 6〉　評価ツールその他の小道具よりも、全体としてのロジックとストーリーが大切であり、貴学独自の質保証の物語を考えてみて下さい。

　学生の学習状況の調査、学習到達度のアセスメント・テスト、ルーブリック、ポートフォリオ等の評価ツール、並びに、CAP 制、ナンバリング等の小道具は、適切に導入されれば、それぞれ有用・有益であろう。しかし、個々のツールや小道具の幾つかを脈絡もなく導入さえすれば、内部質保証が実

現するというものではない。例えばナンバリングが事実上義務化されたと受け止めれば、各大学は、各科目に番号を付し分類することを自己目的化し、対応するだけに終わりかねない。ナンバリング自体が学修の時間増や質の充実に結び付くわけではない。少なからぬ大学で見られた「3つのポリシー」を策定すべしと要求されたので作成した（が、教育課程や授業科目の実質を変える気はない）、といったコンプライアンス（規範遵守）対応の繰り返しにとどまってしまう。改革の小道具を列挙するだけでは、大学教育の実質化は成し遂げられない、という経験に学ぶべきである。

　質的転換答申は、学修時間の増加と連係して進められる諸方策として、「教育課程の体系化」、「組織的な教育の実施」、「授業計画（シラバスの充実）」、「全学的な教育マネジメントの確立」を挙げている（同答申15頁）。「学生の能力をどう伸ばすかという学生本位の視点に立った学士課程教育へと質的な転換を図るためには、教員中心の授業科目の編成から学位プログラム中心の授業科目の編成への転換が必要である」（同答申15頁）とし、学士課程答申が提起した学位プログラムへの体系化、全学的な教学マネジメントなど、組織的な教育への取組の必要性を再度強調している。

　2つの答申からの最重要のメッセージをあえて要約すれば、学部・学科・専攻等のカリキュラム別に、学生が卒業後の社会で求められる知識・能力等を期待される学修成果として特定し、そうした学修成果を生み出せるよう、教育課程、教授・学習活動、成績評価等を見直し、必要な修正・改善を加え、学位プログラムとして構築し直すこと、教授・学習活動においては学修時間の増加や能動的学修への転換を重視すること、学位プログラムの設計・実施・評価・改善のPDCAサイクルを不断に機能させること、これらを可能にする全学及び学部等の教学マネジメントとガバナンスを確立すること、以上のような全体として首尾一貫したロジックに貫かれた教育改善・改革の仕組みとプロセスであろう。

　このような骨太のロジックを有する統合的な仕組み・プロセスは、大学の規模・歴史・使命・教育理念など、大学の多様性を踏まえると、各大学

の個性を無視した画一的なやり方では実現しない。自大学の学生の学習の充実と学修成果の向上という究極の目的を常に見失わず、自大学のミッション、学生層、教育研究の個性等を活かし得る継続的な自己改善の仕組み・プロセスを自ら考え抜いて、構築するほかない。そうした内部質保証の仕組み・プロセスは、各大学ならではの固有の物語（ストーリー）として語り得るものでなければならない。「本学では、このような仕組みをこのように動かすことによって、学生の学習を充実させ、学修成果を向上させています」という首尾一貫したストーリーである。当該大学の教員・職員がそのストーリーを共有し、学生もそれを理解して動機付けられ、対外的にもそのストーリーを説明できる状態こそ、目指すべき姿である。そうした状態の実現こそが内部質保証の実質化である、と言えるであろう。個々のツールや小道具は、このストーリーの中に自然な形で埋め込まれるべきものであり、小道具自体が目的ではない。

　内部質保証に成功していると思われる大学は、たとえ当該大学が内部質保証という言葉を使っていなくとも、そうしたストーリー、語るべき物語を持っている。例えば、ある大学では、教育について高い目標を掲げ、手厚い学習支援体制及び自学自習環境、カリキュラムの中心を占めるプロジェクト学習等の具体的な取組がシステマティックに究極の目標に向けて組織化されている。ポートフォリオシステムという評価ツールも、そうした全体的な教育システムの中に自然な形で埋め込まれているからこそ、大きな意味を持つのである。また、別の大学においては、FD の定義として、個々の教員・授業レベルのみならずカリキュラムや組織レベルの教育改善・改革の取組を包含する広義の定義を用い、そうした教育改善・改革の総体としての FD を推進するため、学科・教育コース等カリキュラム単位ごとに教育重点型教員を 1 名ずつ配置し、全学と学部・学科等との連携に大きな役割を果たす形で、教育方針の立案、カリキュラムの編成、教育内容・教授法の改善、教育効果の検証等に取り組んできている。これらの大学は、あくまで例示であるが、各大学独自のストーリー、全体としてのロジックとは

どういうものかについて、イメージを持っていただければ幸いである。

　内部質保証に取り組む際には、改革の小道具だけに目を奪われるのではなく、自大学の教育改善全体のストーリーとの整合性やロジックの一貫性を常に忘れないようにすることが肝要である。

> **〈提言7〉　内部質保証は、教員や教育組織を活性化し、教育における
> イノベーションを促進するものでなければなりません。**

　大学教育の質保証の取組が消極的なコンプライアンス（規範遵守）にとどまっているといった批判的分析は、例えば英国のような質保証の先進国においても見られる（大森 2014）。内部質保証の誤った解釈により、機械的なチェックリスト方式で手続・基準の遵守状況を点検する等の官僚主義的なルールへの同調と同一視され、創造性や変化への感応の妨げとなってしまわないようにしなければならない。

　むしろ逆に、内部質保証は、各大学及び各専門分野の個性・特色を活かした教育のイノベーションを促進する積極的な性格のものになるべきである。そのためには、学部・研究科等の教育組織や個々の教職員の新たな試みへのチャレンジを後押しするような前向き志向と柔軟性が重要である。言い換えれば、各大学が学内において涵養すべき質の文化は、減点主義ではなく、加点主義を基本とすべきである。国際比較の視点からも、特に我が国の大学は、戦略経営のダイナミズムに欠けていると見られることが少なくない。教員や教育組織を活性化するような内部質保証を追求すべきである。そうした前向き志向の内部質保証を機能させる教学マネジメントは、「変革のマネジメント」であるとも言えよう。

　もとより、質保証のためにある程度の公式化と標準化が必要であることは否定できない。大学教育を教員ごとにバラバラの授業の寄せ集めから学位プログラムへ転換する過程においては、教員間や教員・職員間でより緊密に連携協力して働く必要に迫られる。これにより、同僚性的な関係や組

織的な取組が強化される面があり、これもまた質保証のもたらす肯定的で前向きな変化の一つであると言える。質保証の持つアカウンタビリティの側面とプロフェッショナルの自律的な自己改善の側面は、相互排他的である必要はない。目指すべき内部質保証は、コンプライアンスを自己目的化した官僚的コントロールではなく、学生の学習経験の充実と学修成果の向上という目標の共有に基づく、自律的でイノベーティブかつ同僚性的な協力を含む組織的な取組である。

> 〈提言 8〉　個々の教員の授業と学生の学習の営みにインパクトを及ぼし、学修成果志向の教育を実質化させることこそ、内部質保証の究極の目的です。

　大学においては、教育改善や質保証のための取組が全学執行部レベルの名目的なポリシーにとどまってしまい、学部・研究科等の教育組織の営みや一般教員の意識・実践に実質的なインパクトをもたらしていないケースが往々にして見られる。これは、質保証がコンプライアンスにとどまり、学修成果に直接結び付く教授・学習過程にインパクトをもたらすに至っていない、すなわち、実質化していないということを意味する。

　例えば、学士課程答申が策定を求めた「3 つの方針」や参考指針として示した「学士力」は、大学教育の現場に十分に実質的な変化をもたらしたのかどうか。その変化は決して小さくないのかもしれないが、「学位授与の方針」や「教育課程編成・実施の方針」に基づいてカリキュラムと授業を設計し直すのではなく、逆に従来からのカリキュラムや授業に合うようにこれらの方針を策定するペーパーワークとして処理されてきた現実もあろう。こうした問題は、我が国に限ったことではなく、例えば、質保証の先進国とみなされる英国においても、類似の問題が指摘されている（大森 2014）。

　提言 1 で述べた通り、内部質保証の究極の目的は、学生の学習の充実と

学修成果の向上である。すなわち、自大学の教員・職員が願う学生の学びの達成こそ、内部質保証の出発点であると同時に、目指すべき到達点でもある。肝心かなめのこのことが手続論・技術論の中で見失われてはならない。学修成果志向の教育の実質化こそ、内部質保証の原点である。

むすび ── 私見を添えて ──

本稿を結ぶに当たり、個々の大学を超え、我が国の大学教育の質保証について、大学ガバナンスと関連付けながら、若干の私見を申し述べておきたい。私見とはいえ、本稿で解説した提言の背景にある筆者の問題意識である、と受け止めていただきたい。

元来、大学という組織は、合理的に統合された組織像とは程遠く、緩やかな編成原理で組織されている。組織論研究者として著名なカール・E・ワイク（Weick 1976）が緩やかな組織編成原理を「ルース・カップリング」（loose coupling）として提唱した際、教育機関を分析対象としたことは象徴的である。ワイクは、合理的な組織概念とは異なり、多くの現実の組織において、目的と手段の間、諸アクター（行為主体）間など、組織の構成要素間の結び付きや対応関係がタイトではなく、ルースでしかないことに着目し、こうした組織編成原理をルース・カップリングと呼んだ。

いわゆるフンボルト・モデルの大学が持つ様々な専門分野の組織単位あるいは個々の教員の緩やかな連合体としての「ギルド」的本質、言い換えれば、「同僚性」的な在り方は、近年の大学改革で求められるようになった全学的なガバナンスや教学マネジメントなどの「経営主義」的な在り方との間で容易ならざるジレンマに直面する。学修成果に向けてシステムとして統合された教育プログラムを求める「質保証」は、大学に対し、ギルド的な在り方だけでは済まない「経営」の必要性を突き付ける課題の一つである。「教育」改革は「経営」改革を迫る一因とも言える。

近年の世界的趨勢として、高等教育における質保証は、大学ガバナンス

の変容とほぼ時を同じくして進行してきた。これら両面で先行した英国の大学ガバナンスについて描写した文献（Dearlove 2002）は、過去の「同僚性的な黄金時代」を語る、あるいは逆に「経営主義の未来に万歳」する、両極端の見方をいずれも拒否する。そして、同僚性的なコンセンサスに基づく従来型の組織・運営が現状維持的かつ内向きになりやすく、大学全体の目的のための戦略的変化に対して保守的な反応を示しがちなことを明言する一方、学科等の関与なしに決定されたトップダウンの戦略は、ボトムでブロックされ、実施されないと述べる。

　我が国では、素朴なまでに学長のリーダーシップによる全学的なマネジメントや大学ガバナンスの強化の有効性に信を置く言説が見られる一方、ややもすると上（政府、学長）からの改革に抵抗する現場（教授会、教員）という構図も語られがちである。こうした二項対立的な視点を超え、大学教育の使命がより良く果たされるよう、政府・大学関係者及びステークホルダーの英知の結集が望まれる。

　トップダウンとボトムアップの緊張関係は、必ずしもマイナスとは限らないが、学生の学修成果の向上を共通目標として、前向きのエネルギーを生み出すものでなければならない。〈提言5〉の解説において、「個々の授業を担当する各教員の教育観や専門性に基づく創意工夫は極めて重要であり、各教員の創造性とプログラムが求める整合性との良い意味での緊張関係、トップダウンとボトムアップとの対話の中で教育のイノベーションが創発されることが理想的であろう」と述べたが、同様のことは全学と学部等との関係についても言える。

　その際、重要な視点は、全学レベルだけではなく、学部・研究科等や教員個々のレベルにおいても、自由な発想と創造性に基づく「大学教育のイノベーション」が促進される環境の創出であり、これを可能にするガバナンスの在り方であろう。例えば、OECDによる日本の高等教育政策レビュー報告書（Newby et al. 2009）が指摘するように、日本の大学は、国際的に見て、カリキュラム開発、教育方法のイノベーション、国際化等の重要領

域における変革に乏しいと見られている。

　学生によるアクティブ・ラーニング（能動的学修）を促し、学修成果を最大化するには、大学・学部等・教員いずれもがアクティブな存在へと活性化しなければならない。自律的な学習者は、自律的な教育者を必要とする。また、教員の自律性は、相互不干渉の各教員の個人的営みという従来型の大学教育の在り方ではなく、学生の学修成果の最大化を共通目標とする緊密な協力と相互支援を伴う真の「同僚性」（collegiality）と一体のものでなければならない。そこには、教職協働も含まれる。大学執行部の重要な使命の一つは、以上のようにイノベーティブで前向きな風土を学内に醸成することである。

　高等教育における「質の文化」は、政策主導の基準等への同調性を促すだけの「コンプライアンス」（規範遵守）の文化であってはならず、学問の自由に支えられた創造的な教育・研究と大学の自治に支えられた自律的変革による「イノベーション」の文化にならなければならない。

主な参考文献
・大森不二雄、2014、「教学マネジメントをめぐる日・英の政策動向―『経営』は『質保証』をもたらすか―」日本高等教育学会『高等教育研究』第 17 集、9 − 30 頁。
・Biggs, John, & Tang, Catherine, 2007, *Teaching for Quality Learning at University* [Third Edition], Berkshire, England: Open University Press.
・Clark, Burton R., 1996, "Substantive growth and innovative organization: New categories for higher education research", *Higher Education*, 32: 417 − 430.
・Dearlove, John, 2002, "A Continuing Role For Academics: The Governance of UK Universities in the Post-Dearing Era", *Higher Education Quarterly*, 56 (3) : 257 − 75.
・Newby, Howard, Weko, Thomas, Breneman, David, Johanneson, Thomas and Maassen, Peter, 2009, *OECD Reviews of Tertiary Education: Japan*, Paris: OECD.
　(http://www.oecd.org/education/skills-beyond-school/42280329.pdf, 6 July 2016)
・Weick, Karl E., 1976, "Educational organizations as loosely coupled systems", *Administrative Science Quarterly*, 21 (1) : 1 − 19.

内部質保証システムの導入
—その課題、そして具体的な施策へ

江原昭博
Ehara Akihiro
関西学院大学

KEY WORD

> **マネジメント／ PDCA サイクル／アカウンタビリティ／
> 3 つのポリシー／学位プログラム**

はじめに

　本書全編を通じて、ある種総論的ではあるが内部質保証に関する理解を進めるため広くそして深く論考を進めている。そこで本論考では、大学の側から見た内部質保証、とりわけ実際に内部質保証体制の導入に挑戦し、その活動に取り組もうとする際に直面する課題、そしてそこに立ち向かっていく施策について、具体的かつ実践的な観点から考察を進めてみたい。言い換えると、「全学的な教学マネジメントによる学位プログラムが重要だ！」といった「お題目（できたら良いことは皆知っているが、簡単に出来ないことも皆知っていること）」を避け、同じく言葉や概念にすぎないとしても、内部質保証に関する施策や実務を実際に自分で担当する際に本当に必要な具体的な言葉や概念を共有する。

内部質保証が求められる背景

　内部質保証が求められる背景としてまずはじめにあげられることは認証評価の側面である。これまで内部質保証のあり方に関する調査研究部会（以下「部会」）による活動を通じて全国の大学教職員と広く意見交換をしてきたが、内部質保証に関して言えば、認証評価機関による評価基準によって唐突に求められたという理解（誤解？）が多く見られた。認証評価制度が導入された第 1 期目は、国内で初めて導入された認証評価制度を通じて評価文化の定着に重きが置かれていたように思われる。そのおかげもあり国内における評価制度は急速な普及を見たが、その一方で第 1 期の課題として、自己点検・評価体制の活用が不十分で、自己点検・評価報告書の作成が自己目的化してしまうということがあった。いわゆる「評価対応」である。そうした反省を踏まえ、2011 年度から始まる認証評価制度の第 2 期では情報公開の義務化とエビデンスの可視化を柱として内部質保証を重要視することとなった。ところがせっかく力を入れた内部質保証ではあったが、2015 年度までのこの 5 年間の受審機関のうち約 3 分の 1 の機関において内部質保証になんらかの問題点があるという結果が出ている。その重要性は共有できるものの、それ自身の理解が進まないという内部質保証の矛盾が顕在化した事例といえる。

　次に学士課程教育改革の側面があげられる。多くの大学関係者が評価基準の変更によって突然もたらされたように感じている内部質保証であるが、実際は「学士力」で有名な 2008 年 12 月の中央教育審議会「学士課程教育の構築に向けて（答申）」において、後述する「3 つの方針」に加えて、「教育の質の向上を目的とする PDCA サイクルが内包された大学の自律的評価システム」として「PDCA」の概念とともに、「内部質保証」はすでに取り上げられている。さらに 2012 年 8 月の中教審「新たな未来を築くための大学教育の質的転換に向けて（答申）」では「内部質保証および全学的教学マネジメントの確立」に加え、認証評価制度を通じた内部質

保証の効果検証が求められている。そして 2014 年 12 月の中教審「新し
い時代にふさわしい高大接続の実現に向けた高等学校教育、大学教育、大
学入学者選抜の一体的改革について（答申）」ではさらに踏み込んで、「内
部質保証を重視した認証評価」を求めるに至っている。

　最後に直近の政策的進展として、まず大学設置基準等一部改正によりい
わゆる SD の義務化が求められた。特にこの改正において「職員」の範囲
に「教授等の教員や学長等の大学執行部」を敢えて明示化して盛り込んだ
ことは、全学的な教学マネジメントを進める人材育成まで踏み込んだもの
と捉えることができる。次に 2016 年 3 月の中教審「認証評価制度の充実
に向けて（審議まとめ）」では「3 つのポリシーを起点として内部質保証
を重視した評価を行う」とされた。内部質保証の背景をわざわざ本論考で
おさらいしている最大の理由がここにある。ここで真っ先に挙げられてい
る改善事項は、「全学的な改革サイクルを確立」することであり、「3 つの
ポリシーが整合的に導入され、検証され、改善されているか」や「定期的
な自己点検・評価を改革・改善につなげているか」といった「全学的な内
部質保証機能の向上を推進する観点」への認証評価制度の改善を求めてい
る。その直後、2016 年 3 月の学校教育法施行規則の一部改正といわゆる
認証評価細目省令の一部改正による法改正では、「整合的な 3 つのポリシー
と内部質保証の運用を通じて検証と改善のサイクルを進めること」が改め
て盛り込まれている。つまり内部質保証に関する方向性をワンセンテンス
でまとめれば、「3 つのポリシーを起点とした内部質保証体制を推進して
全学的な改革サイクルを確立する」ということになる。言い換えれば、こ
れが現在我々に求められている「内部質保証」のひとつのかたちというこ
とになる。

　次章より内部質保証を自大学において内部質保証を実際に進めるにあた
り直面する課題について具体的に考察する。その際、いまだ誤解や理解不
足が少なくない内部質保証についてなるべく分かりやすく取り組むため
に、「＜１＞内部質保証の定義から考える」、「＜２＞内部質保証の体系図

から考える」、「＜３＞認証評価と自己点検評価の関係から考える」の３つの切り口から、その捉え方が難しい内部質保証の具体的な取り組みについて考察を進めたい。

＜１＞内部質保証の定義から考える

　さてここまででその重要性をしっかりと認識した我々が実際に日常の大学現場において内部質保証を導入すると決意したとして、ではそもそもどのように、そして具体的に何から始めればいいのか。ひとつ興味深いデータを取り上げる。部会による内部質保証の現状に関する第一回調査において、大学現場における内部質保証に関する理解度を探るために各大学における内部質保証の捉え方をたずねた。その結果、「質の改善」との回答が約 34%、「質の保証」との回答が約 13%、「質の改善と保証」との回答が約 36% となった。これまで取り上げてきた通り、内部質保証の本質に最も近い回答は「質の改善と保証」ということになるのだが、内部質保証をそのように理解している大学は全体の約３分の１にとどまっているというのが調査時の状況であった。そこで具体的な取り組みへのきっかけとして、まずは内部質保証の定義の理解からはじめることにする。

　まずその定義であるが、

> 　「内部質保証（ Internal Quality Assurance ）とは、PDCA サイクル等の方法を適切に機能させることよって、質の向上を図り、教育・学習その他のサービスが一定水準にあることを大学自らの責任で説明・証明していく学内の恒常的、継続的プロセス（大学基準協会：大学評価ハンドブック）」

とされている。さらに大学基準においては、

> 　「大学は、その理念・目的を実現するために、教育の質を保証する制度を整備し、定期的に点検・評価を行い、大学の現況を公表しなければならない（大学基準 10：内部質保証）」

とされており、その解説では、

> 　「大学の質を保証する第一義的な責任は大学自身にあることから、大学は自らの質を保証する（内部質保証）ための組織を整備するとともに、内部質保証に関する方針と手続を明確にする必要がある。また、内部質保証システムを十全に機能させるためには、自己点検・評価の客観性・妥当性を高めるための工夫を講じるとともに、自己点検・評価の結果を改善・改革につなげることが重要である（大学基準の解説：内部質保証）」

とされている。この定義から読み取れる内部質保証の 3 つの観点は次のようなものである。

> 1、質の向上：PDCA 等による検証と改善
> 2、質の保証：情報公開と説明責任
> 3、体制構築：恒常的・継続プロセス

　以下、それぞれの観点を切り口に内部質保証について理解を進める。

<＜1－1＞質の向上：PDCA 等による検証と改善>

<＜1－1＞質の向上：PDCA 等による検証と改善

ほとんどの大学がここで躓く。「PDCA」だ。「Plan、Do、Check、Action」だ（図1）。

図1　いわゆる有名な PDCA サイクル

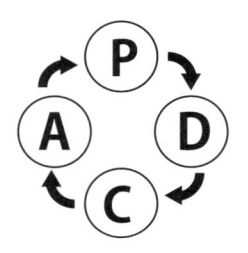

　内部質保証云々の前に、（良い悪いは抜きにして）日常の大学活動に PDCA が根付いている大学が一体どれだけあるのだろう。PDCA という言葉は、聞こえはいいが実際にやろうとするとなかなか実現できない困った言葉だ。まるで見栄えはいいが実現困難な美しいポンチ絵のようだ。それはさておき、PDCA という要素で大学を見直すとどうなるか。高度経済成長を謳歌し、高等教育も拡大の一途を辿っていた古き良き時代の大学運営を表現すれば、計画とも言えないような思いつきレベルで施策をうち、また思いついてはプロジェクトを進め、失敗したら次の施策をはじめ、懲りずにまた同じような施策を繰り返す。これは別名「PDPD サイクル」と呼ばれる（図2）。

図2　これまでの大学運営＝ PDPD サイクル

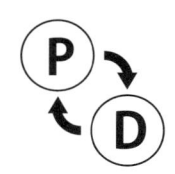

その後、成長は鈍化し少子化の時代を迎え、どんぶり勘定で大学運営は立ち行かなくなり、象牙の塔に対する社会からの要請も厳しくなってくると、世の中ではアカウンタビリティ、あるいは説明責任という言葉が流行ってきた。大学にもそうした波は打ち寄せ、当時導入された認証評価制度によって、チェック機能が大学運営に組み込まれた。いわゆる大学評価時代の到来である。世間とはかけ離れた大学独特の行き当たりばったりの「PDPDサイクル」は修正を迫られ、大学運営にチェック機能＝評価機能を導入し、俗に言う「PDC サイクル」（図 3）、あるいは「評価サイクル」（図 4）というものができあがったのである。

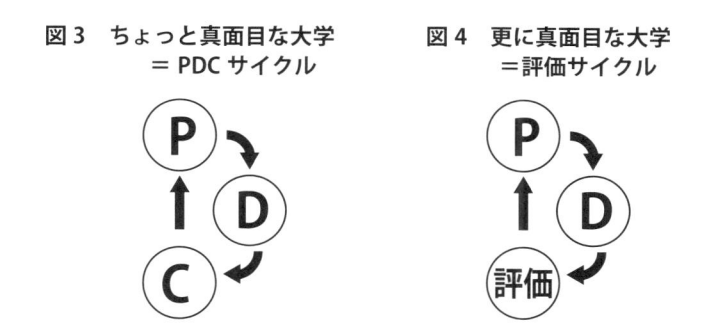

図 3　ちょっと真面目な大学
＝ PDC サイクル

図 4　更に真面目な大学
＝評価サイクル

それでも大学は変わらなかった。PDCA で最も重要な A の部分が機能しなかったのである。この結果は、認証評価制度というものが本質的には大学に罰則を与えることを目指しているわけではないことや、大学自身による修正・改善機能がうまく働かない構造的な問題が解決されないことなどに起因している。こうした状況を真摯に受け止め、真正面から次のステップに取り組んだものが、今日の内部質保証の重要視であり、PDCA による検証と改善を通じた「質の向上」の重視なのである。このように質の向上が重視されるようになった文脈を理解すれば、おのずとこの観点において最も重要なことは理解できる。それは、「PDCA の A」（図 5）、実際の改善の取り組み、現場での具体的な実践、リアルなアクションである（さらに

詳細な取り組みは第 2 章で取り上げる)。

図 5　最も重要なことはアクション

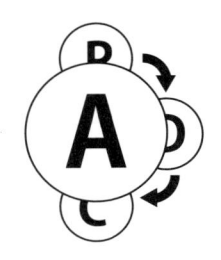

　だからこそ PDCA による「検証と改善」なのである。検証システムは、評価サイクル（PDC サイクル）として動き始めた。次はそれを改善システム（真の PDCA サイクル）に発展させることだ。「PDCA を回す」という言葉を簡単に使う人は多いが、本当にアクションを実現して PDCA を具現化できているのだろうか。PDCA を回すというのはまさにマネジメントを行うということである。本当に大学は自らをマネジメントできているのだろうか。屁理屈を抜きにして PDCA を回すことをマネジメントと真の意味で捉え直した瞬間に、PDCA を回すという概念が本来もっている重さに実感が湧いてこないだろうか。

＜１－２＞質の保証：情報公開と説明責任

　部会による上記の調査において内部質保証を「改善」との関係で捉えていた大学は合計で 7 割を超えていたが、それを「保証」との関わりで捉えていた大学は半数に満たなかった。この結果は示唆的である。内部質保証を「質の保証」と捉えないことをやり玉に挙げて言葉遊びをするのではなく、「質の保証」の捉え方自体の問題が浮き彫りになっていることが重要なのである。認証評価制度が第 1 期から第 2 期に進み、評価文化も定着が進んだ。その過程で情報公開が義務化されたが、このことと認証評価の関係を明確に認識した大学はどれだけあったのか。自己点検評価が義務化され、報告

書を毎年作成することが日常化する中、評価制度にまつわる大学の現場においては、未だに7年に一度の認証評価受審に向けて自己点検評価活動を行い、それにまつわる情報公開は認証評価対応という判断から取り扱う大学が少なくない。ここに世間と大学の認識のズレが存在する。当たり前だが、情報公開の義務化は、認証評価制度への対応から生まれたのではなく、実社会で進む説明責任、アカウンタビリティの重要性の高まりの文脈でなされたものだ。意図的か無意識かはここでは置いておくが、大学側が情報公開を認証評価制度に矮小化して捉え続ける限り、大学の外側の世界と内側の世界との意思疎通は全く改善されない。だからこそ、半数の大学が理解できていない、あるいは見落としている説明責任の重要性が、内部質保証の重視という流れの中で強調されているのである。この点については、後述する「＜3＞認証評価と自己点検評価の関係から考える」の中でさらに詳細に取り上げる。

＜1－3＞体制構築：恒常的・継続的プロセス

　一見美しいポンチ絵ほど真の理解に苦しむのと同様に、わかった気になりやすい定義ほど実はわかっていないことは多い。この内部質保証の定義もその例にもれず、そこには危険なトラップが満載である。最大の罠はこの3つ目の観点、つまり恒常的・継続的プロセスの部分である。定義の流れで行くと、「PDCAによるマネジメントを促進しましょう、アカウンタビリティを果たしましょう、そしてそれを恒常的・継続的なプロセスにしましょう」となり、非常にわかりやすい。というか、わかった気になる。それが落とし穴だ。

　ここで質問、「恒常的・継続的プロセス」とは具体的に何なのか、あるいはどういうことを指すのか。具体的に大学の日常業務に落とし込むためにはどうするのか。それは定義に加え、上述の基準やその解説まで読み込んでいくことによって浮かび上がる。若干わかりにくいかもしれないが、そこには、「大学は自らの質を保証する（内部質保証）ための組織を整備すると

ともに、内部質保証に関する方針と手続を明確にする必要がある」とある。つまり、「内部質保証の3要素（方向性、組織、手続き）の提示」が求められているのである。具体的には以下のアクションが求められる。

> 1、　目標設定：内部質保証のゴールを決める（方向性、目的、到達目標、基準設定）
> 2、　組織化：それを進める組織を定める（ヒト・モノ・カネの裏付けと権限の担保）
> 3、　規程化：それを支える規定を作る（学内本務として、公式化、業務化、日常化）

ひとことで言い換えれば、「質の向上や質の保証を進められる環境を具体的に整備する」ということである。関連した話として、前年に進められた学校教育法の改正によるガバナンス改革もこれと同じ文脈にある。つまりそれは学内のガバナンス体制の整備を進め、マネジメント（質の向上）やアカウンタビリティ（質の保証）を効果的に果たせる体制を学内に構築することで内部質保証を促進（恒常的・継続的プロセス）するということである。組織化や規程化をすることによって権限や役割が具体化し、人事面や資金面の裏付けを持つことではじめてその業務が日常化され向上的・継続的活動になる。現場の教職員はやりたくないからとか、面倒くさいから新しいことをやらないわけではない（確かに少なからずそういう人もいるようだが、それはまた別の機会に）。ヒトもモノもカネも減らされ続けて疲弊が進む現場にとって、どんなに素晴らしいお題目も、どんなに勇ましい掛け声も、それが「日常化された業務」として落とし込まれていない限り、実際問題取り掛かりようがないというのが、一般的な教職員にとっての偽らざる現実だ。こうして具体的に考えることによってのみ、絵に描いた餅は食べられる餅になる。美味しいか不味いかはまた別の話なのだが。

＜2＞内部質保証の体系図から考える

　内部質保証の定義を3つの観点から十分に理解したら、次のステップは内部質保証を構造的に考えるのが効果的だ。ここ数年、大学基準協会が内部質保証の体系を示すために使用している図＜例＞を示す（図6）。

図6　大学基準協会による体系図＜例＞

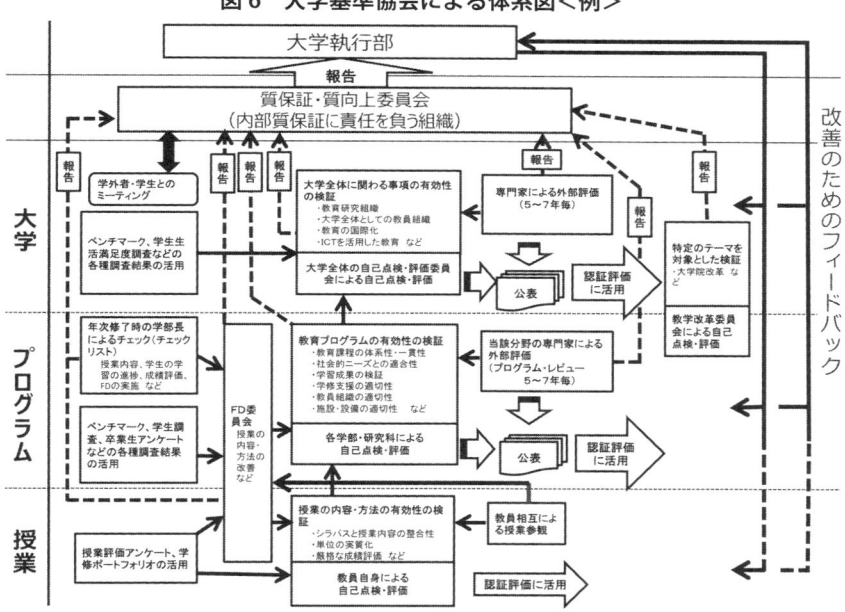

出典：『内部質保証ハンドブック』85頁

　一枚の体系図としてはとても良くまとまっているが、あまりに良くできすぎていて完全に理解するのが逆に難しい。この体系図＜例＞から内部質保証の体系の3つの側面が読み取れる（図7）。

図7　内部質保証の3つのレベル

機関レベル	大学全体の事項の有用性の検証
プログラムレベル	学位プログラムの有用性の検証
授業レベル	個々の授業に関する有用性の検証

内部質保証の体系を 3 つの側面に分けて考える理由は極めて重要で、それは各レベルにおける活動主体が全く異なるからである（図 8）。

図 8　内部質保証の各レベルにおける実施主体

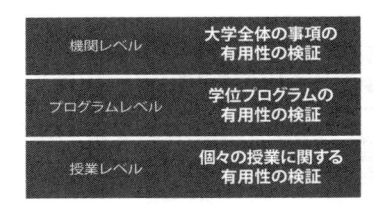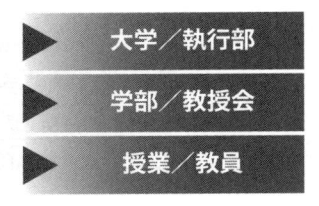

　さらに言えば、長い歴史のもと、同僚制にその礎をおく大学組織においては、その組織行動は多くの場合ハイアラーキーに則ったものとはなっておらず、意思決定においては必ずしもマネジメントがしっかり働く構造になっていないことが多い。それ以前にマネジメントが機能するようなガバナンス体制すら整っていないことが少なくない。それゆえに序論にて取り上げたようにこれまでの様々な高等教育政策においては、PDCA サイクルによるマネジメントやガバナンス体制の確立が手を替え品を替え幾度となく求められてきたのである。だからこそ本論＜ 1 － 3 ＞（119 頁）で取り上げた「マネジメントを支えるガバナンス体制の確立」、そして＜ 1 － 1 ＞（116 頁）の「PDCA によるマネジメント」が、内部質保証の観点として極めて重要なのである。

　話を戻すと、この体系図＜例＞（図 6）に沿って言えば、機関レベルでは大学執行部（あるいは場合によって法人や理事会等の組織）が主たる担当となる一方で、ここで言う学位プログラム（いわゆる学士課程教育）については、多くの場合、当該学部教授会によって大学執行部や他学部とはお互いに縛りあうことなく単独で意思決定を行っている。さらに授業レベルにおいては、当該授業の担当教員が自らの専権事項として計画から実行までを運営管理している。ここに問題が所在するのである。まずこの現状をしっかり認識して、この状況にどのような態度で臨むのかを明確に定め

ておかない限り、内部質保証に限らず大学における全ての施策は失敗する、あるいは骨抜きにされる。だからこそ本論考＜１－３＞（119頁）における具体的な「目標設定、組織化、規程化」による内部質保証の執行根拠の明示が重要なのである。

　高等教育政策の文脈で様々な改革案が生まれるたびに、学問の独立と大学の自治を混同（曲解）して反対されることが少なくない。研究面の独立性は大学において真っ先に担保されるべき理想であるが、それと大学自治（特に学部自治）はイコールではない。さらにそこに政治観が投げ込まれ、特にガバナンス改革のような組織改編を進めようとする場合に民主的制度の重要性が叫ばれる。だが多くの教職員が感じていることだが、実際は一部の教職員の既得権益の話であったり、単純に面倒なことを避けたい教職員の我儘であったりすることが世の常だ。そしてそれがまかり通る原因がここで挙げた、各レベルでの担当主体の違いに起因している。よく「大学はボトムアップの文化だ！大学にマネジメントは馴染まない」といった意見が聞かれるが。実際は単にいい意味のガバナンスが効いていないだけだったりする。

　例えば大学執行部は学部運営には手が出せない。学部運営に関しては教務委員会等を通じて教授会の顔色をうかがう。学部教授会は教授会で、個々の教員の授業内容に首を挟むことはできない。しっかりとした意味のある連携を取れていないことの言い訳、あるいはつじつま合わせ、果ては開き直りとして、なんちゃってボトムアップを自称しているというのが大学運営の現実ではないだろうか。内部質保証を本気で実行したいなら、この課題に対して具体的にどんな手を打つのか、その点をはっきりさせる覚悟が必要なのである。

　以下それぞれの側面を切り口にして、これまでの失敗例を振り返った上でのあるべき姿を提示し、それを達成するための具体的な内部質保証の取り組みについて、前章で議論した３つの観点を踏まえて論を進める。各側面における内部質保証の特質についても多くの誤解が存在するが、それぞ

れについて次のフレームワークで捉えていく。

> 1、機関レベルの内部質保証：「大学（全体）の質保証」
> 2、プログラムレベルの内部質保証：「（狭義の）教育の質保証」
> 3、授業レベルの内部質保証：「各教員の授業改善（狭義の FD）

　以下、各側面の内部質保証について詳細に取り上げるとともに、実際に
どんな形で動いていくべきなのかについて考えていく。

＜2－1＞機関レベルの内部質保証＝大学（全体）の質保証

　機関レベルでの内部質保証のこれまでの課題は、前節で触れた通り各レ
ベルでの責任主体がバラバラで機関全体にわたる施策の意思統一が難しい
ことにその多くが起因している。この点については、次節以降のプログラ
ムレベル、授業レベルでの内部質保証のなかでさらに詳しく取り上げてい
く。

　一方で機関レベルの内部質保証そのものの課題としてあげられるのが、
前節で取り上げた質の向上の観点でいえば、PDCA が意味のあるつながり
を見せていないことである。近年では設置形態を問わず多くの大学で中期
計画や自己評価を行っているが、それらが自己目的化してしまい連関して
いない。さらに酷い場合、よせばいいのに計画や評価のそれぞれの部局で
思い思いの PDCA を回してしまう。本部棟の都合によって不必要に「創造」
された「新業務」のしわ寄せは全て現場部局に降りかかり、中期計画の帳
票を書かされるやいなや自己点検評価の帳票を書かされ、それらが全く関
連していないせいで同じようなことを延々と繰り返し、現場には膨大な作
業への怨嗟と本部への不信感しか残らない。かといって各部局の横の連携
もあるわけではなく、それぞれが部局の都合で動くため、自己点検評価活
動は最も簡単な外形標準を整える方向に収斂する。報告書類は単なる証憑
書類と化しチェックリスト方式で最低限のコンプライアンスを整えることに

終始する。それが証拠に部会による第2回調査では、全学的検証の実施率は義務的なもの以外は低くなるという結果が出ている。チェックリスト（義務的な評価項目）に入っていない活動はわざわざやる必要がないという盲目的な行動パターンなのだ。大学の現場で大なり小なり起きているこうした状況に対処するために最も重要なことは、質の向上を進めるための基本的な環境、つまり恒常的・継続的プロセス（効果的なマネジメントのためのガバナンス体制）を整えることだ。

　ちなみにここで言うガバナンスというのは、「学長にさらなる裁量権を」とか、「部局を垂直統合せよ」とか、「より強固な中央集権体制を」とか、「未来志向の理事会運営を」等といった大仰な意味は一切考えていない。それどころか、こうした現実を無視した安直な思いつきに基づいた行動や、考えなしで見かけだけが派手な一足飛びの掛け声は、結局のところ逆効果しかもたらさず、本当に改革を地道に進めている現場にとっては百害あって一利なしだ。ここでいうガバナンスというのは、少なくとも機関レベルのPDCAを回せるだけの程度に、部局間で連関を取れる状況に組織連携するという程度の話だ（もちろんこれだけでも十分に骨の折れる話だが）。具体的に言えば、中期計画〜各種施策実施〜自己点検評価〜改善の流れについて担当部局間の調整をつけるだけでも良い（図9）。

図9　機関レベルの PDCA のイメージ

中期
計画

各種
施策

自己
点検

修正
改善

　最低限、帳票の整理をつけるだけでも現場からの好感度は大きい。自己点検評価についても、認証評価対応としてやらされるのではなく、機関の

内部質保証活動の具現化として日常的に進める体制を作る。恒常的・継続的プロセスの観点から内部質保証の方針を定め、常置組織（部課や室であれば良いが委員会でも構わない、各大学の事情に沿った組み合わせを考えることが重要）を作り、関連規程を定める。機関レベルの質の保証の観点からは、これまで以上の積極的な情報公開を進める。さほど華やかではないがこの程度の実現可能な施策から始めていくことが現実的だ。そしてこのささやかな一歩目を踏み出すことが何にも増して大切なことだ。

＜２－２＞学位プログラムレベルの内部質保証＝（狭義の）教育の質保証

　プログラムレベルでの内部質保証のこれまでの課題は、大学執行部と学部教授会の学部運営上の乖離にその原因を求めるという強引な論法は後を絶たない。もとより、大学における多くの課題については、大学執行部と学部教授会の関係性の中で解決できるものが少なくないことは、大学関係者なら当然皆わかっている。一方、その辺りの課題の整理がいかに複雑で難しいかも、当の教職員は既に痛いほど認識している。我々が直ちに取り組むべきは、与えられた状況の中で、少なくとも現在取りかかれることは何なのかを見極め、即座に取り組むことだろう。眼前の大きな課題をただ蒸し返し続けることは、取り組む必要があるその他のたくさんの課題を見過ごしていく免罪符を発行し続けているのと等しい。今後私たちがプログラムレベルで内部質保証を進める際には、実現可能な課題から取りかかるほうが遥かに現実的だ。その時の鍵となるのが現在スポットライトを浴びているいわゆる３つのポリシー（「卒業認定・学位授与の方針（ディプロマ・ポリシー）」、「教育課程編成・実施の方針（カリキュラム・ポリシー）」、「入学者受入れの方針（アドミッション・ポリシー）」）だ。

　すでに取り上げた通り、2016年3月の学校教育法施行規則の一部改正といわゆる認証評価細目省令の一部改正による法改正を通じて、「整合的な3つのポリシーと内部質保証の運用を通じて検証と改善のサイクルを進めること」が求められることになった。さらに同月の中教審大学分科会および大

学教育部会による認証評価制度の充実に向けての審議まとめや3ポリシーの策定及び運用に関するガイドラインでは、3つのポリシーを起点とするPDCAサイクルを当該ポリシー策定単位、いわゆる学位プログラムごとに確立し、教育に関する内部質保証を推進することが謳われている（図10）。

図10 「三つのポリシー」に基づく大学教育改革の実現（イメージ）（案）

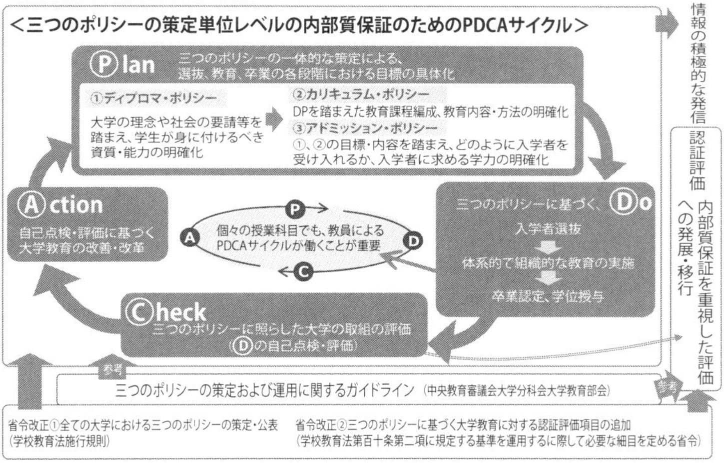

出典：「『卒業認定・学位授与の方針』（ディプロマ・ポリシー）、『教育課程編成・実施の方針』（カリキュラム・ポリシー）及び『入学者受入れの方針』（アドミッション・ポリシー）の策定及び運用に関するガイドライン」（中央教育審議会大学分科会大学教育部会）11頁

　言い換えれば、いわゆる「教育の内部質保証」に関して、全学的なものではなく策定単位として考えた場合、学位プログラムごとに確立する内部質保証を「（狭義の）教育の質保証」と捉えることにしようということだ。一方で、大学全体をまとめた「（広義の）教育の質保証」は、プログラムレベルにおけるそれぞれの策定単位（学位プログラム）で確立される内部質保証（狭義の教育の質保証）を、自己点検評価等の方策を通じて機関レベルの内部質保証システムに縦横に統合的にまとめられたうちの教育的側面に対応すると捉えることができるだろう。

多くの混乱が見られる「教育の質保証」について上記のフレームで捉えることは、今般のいわゆるガイドラインや省令改正において、3 つのポリシーの策定単位ごとの内部質保証を大学教育改革の基準として捉えていることによっても裏付けられている。いずれにせよ、大学における教育に関する質保証は、それぞれの学位プログラムにおける 3 つのポリシーを起点とする PDCA サイクルの推進を、全学的な内部質保証の PDCA サイクルに統合して進めていくものと考えられる。やるべきことは理解した。では、どうやって進めるのか。これまでの経緯とこれからの方向性を踏まえて論を進める。

まずプログラムレベルでの内部質保証をこれまで阻害してきた要因を、教授会の存在だけに帰するのはいささか強引だ。大学改革、教育改善に向けて、さまざまな政策、制度が遂行されてきたが、あまり効果をあげられなかったものが少なくない。例えば教育改善に即効性のある施策として FD が導入され、現在では義務化もされている。ほとんどの大学・学部で FD 委員会や FD 部会が設置されているはずだ。それなのに、なぜあまりうまくいかないか（既にうまくいっているなら、内部質保証の話をここで改めてする必要はない）。

多くの場合、FD（SD もそうだが）は PDCA で言えば「A」の改善にあたる施策だ。時代の流れから取り残され、あるいはずれ始めた大学教育への対症療法として、FD や SD それ自体には何の問題もなかったのだが、各大

学における PDCA を回す質の向上の仕組み（効果的なマネジメント）や、それを支える恒常的・継続的プロセス（マネジメントを支えるガバナンス体制）が整っていない状態で、まさに突然わけのわからない対症療法としての FD や SD が降ってきたら、現場は混乱する。FD アレルギーの完成だ。さらにこれじゃまずいと自己点検評価の義務化や認証評価制度が導入されたが、今度はマネジメント＝ PDCA の基本である「P」と「C」、計画と評価の連動が果たされずに、ただただ闇雲に評価が持ち込まれた。おかげで今でこそ評価文化はしっかり定着しているが、お上のお達しとして評価制度が持ち込まれたと感じていた当時の現場の混乱といえば計り知れないものがある。

　第 1 章で触れたとおり、当時の大学が「PDPD サイクル」の真っ盛りであったこと、つまりマネジメントの感覚に欠けている上、それを支える最低限のガバナンス体制も整っていなかったことが、当時の施策が円滑に改革サイクルに結びつかなかった最大の原因であった。一般的に PDCA サイクルにおいて最も重要なことはもちろん「A」、効果的なアクションなのだが、そこに至るサイクルを作るために実際に真っ先に必要なことは「P」つまり行動、評価、改善、全ての起点となる計画なのだ。それだけに今回の一連の政策設計の意義を正確に読み取るためには、教育の質保証の基幹となる「学位プログラムの内部質保証」＝「（狭義の）教育の質保証」について、その起点を「3 つのポリシー」に定めたということが極めて重要な意味を持つことを、ここで改めて強く認識する必要がある。ここが肝なのだ。これまでの議論はこの点を理解するためにあったのであり、この点をしっかり理解できてしまえば具体的にやるべきことは自明だ。

　これまでに多くの大学では 3 つのポリシーを既に策定しており、そのうちのいくつかの大学では既に 3 つのポリシーの整合性まで詰めている。そこまでなら「上手な作文」でも対応できる。つまり「作成した」、「整備した」レベルで良かったから。ただ学位プログラムレベルで PDCA を回すとなるとその先が必要だ。一つの簡単な例を挙げるならこうなる。策定された学

位プログラムの 3 つのポリシー（P）に沿って、実際の教育・学習活動や学位授与が実施される（D）。そうした活動について自己点検評価やプログラム独自の施策を通じて評価点検（C）する。評価点検活動に際しては、教育カリキュラムや、DP で掲げた学修成果や、場合によっては 3 つのポリシーそのものについて、その内容や効果の妥当性をしっかり検討し、必要に応じて修正、改善、改革（A）が行われる。そしてまたそれを起点として、新たな PDCA サイクルが回っていく（図 11）。

図 11　プログラムレベルの PDCA のイメージ

　内部質保証の 3 つの観点でいえば、こうして恒常的・継続的プロセスに基づいて質の向上が図られ、質の保証へと結びついていくことになる。細かいことを挙げ連ねたらきりはないが、少なくともこれを持って学位プログラムレベルでの内部質保証のささやかだが確実な一歩が踏み出される。

＜ 2 － 3 ＞授業レベルの内部質保証＝各教員の授業改善

　今般の内部質保証に関する一連の制度設計の中で若干手当が薄くなってしまったものが、授業レベルの内部質保証だ。127 頁の図 10 は中教審によるガイドラインに取り上げられたものだが、ここで授業レベルは「PDCA を回す」しか書いていない。さすがにちょっと不親切にすぎないか（笑）。これは、3 つのポリシーを起点とする学位プログラムの内部質保証（狭義の教育の質保証）の確立を基盤に、機関レベルでの自己点検評価を実質化することによって大学全体の内部質保証を推進し、制度レベル（システムレ

ベル）での認証評価制度（日本の高等教育システムの質保証）を支えるという全体的な制度設計に起因する。

　もちろん、だからと言って手をこまねいていいというわけではない。本論第2章において質保証の体系について取り上げた際に、内部質保証の3側面において各段階、各レベルにおいてアクターが異なることが困難を生み出す温床であることに触れた。とは言うものの、実際のところ一つ一つの授業は、プログラムレベルの内部質保証を担当する学部・教授会を構成する教員が担当しているわけで、各教員は、<u>個人としては授業に</u>、<u>教授会の構成員としては学位プログラムに</u>、それぞれ責任を有しているわけである。

　さてそうした状況を踏まえた授業レベルの内部質保証については、実はこれまで既に様々なアプローチがなされてきたという経緯がある。そうした授業レベルでのこれまでの改善活動の課題は、それぞれ種々雑多な施策が特別に体系立てられたわけでもなく次から次へとあれもこれもと五月雨式に導入されてきたという経緯そのものにある。

　大学教員の多くは、「教育者」として大学教員という職に就いたわけではなく、「研究者」としてその職に就いたというのが実情である。そこに突然降って湧いたように「教育改善だ、授業改善だ」とあたかも自明のことのように FD 活動や評価制度が導入されてきた状況については、そもそも受け入れ難い、あるいは必要性は感じてもそれをなかなか実行できない、そんな現状のせめぎ合いではなかっただろうか。もちろん、当の教員に問題がなかったわけではないことは真摯な教職員の多くが気付いていることである。だからと言ってこうした状況を野放しにしておいたまま、次から次へと新たに思いついた「教育改善に関する施策」を打ち出しても、その効果が期待できないだけではなく、状況を悪化させ続ける可能性すら否定できない。

　これまでと比較すると比較的あっさりした今回の「授業改善」の制度設計は、これまでのこうした文脈に寄り添ったものであるのではないかと、極めて好意的（過ぎるかもしれないが）、かつポジティブ（揚げ足を取らず

になるべく前向き）に捉えるならば、3つのポリシー、つまり卒業認定・学位授与の方針（ディプロマ・ポリシー）、教育課程編成・実施の方針（カリキュラム・ポリシー）、入学者受入れの方針（アドミッション・ポリシー）との関係で授業レベルの内部質保証を整理しようとする今回の取り組みは、（繰り返しになるがあくまでもこれまでと比較してという意味において）現実的で取り組みやすいものになっている。このあたりの捉え方について、本章が直接的な内部質保証の解説の最後になることもあり（次章では内部質保証を制度面から捉える）、本論考を通じて幾度となく触れてきた点も含めて、この授業レベルの取り組みを考える。

　実際、3つのポリシーを通じた教育改善については、2005年の将来像答申で取り上げられたのち、2008年の学士課程答申において内部質保証とともにその重要性が強調された。この時点で既に「FDは普及したが教育力向上につながっていないこと」や、「成績評価の教員依存による組織的取組の弱さ」等が指摘されていたのだが、当時この答申で取り上げられたいわゆる「学士力」にまつわる論議が悪い意味で必要以上に目立ち過ぎたために、このあたりの重要な議論が曖昧にされてしまったことが悔やまれる。結局それもあってか続く2012年の質的転換答申では改めてディプロマ・ポリシー（当時は学位授与の方針）を明示し、授業科目がどのようにディプロマ・ポリシーの内容を担い、他の授業科目群とどのように組織的に連関するのかを明示しそれをしっかり評価することが求められ、さらには平成26年の高大接続答申ではそれら3つのポリシーを一体的に策定することが求められた。振り返ってみればこれまでのこうした流れが今回の法改正やガイドラインの内容に見事に反映していることが見て取れる。さらに言えば、今回の全般的な制度設計において3つのポリシー、特に卒業認定・学位授与の方針（ディプロマ・ポリシー）を起点とするPDCAサイクルが求められるようになってくるのは当然であることが見えてくるのだ。

　とりわけ大学教育の充実のためには3つのポリシーを起点としてPDCAサイクルをポリシー策定単位（多くの場合、学部）ごとに確立し、大学の

内部質保証を確立していくことにつなげていくこと、そしてここでさらに重要な点として、大学教育の充実のためには各授業科目レベルにおいても、各教員が卒業認定・学位授与の方針や教育課程編成・実施の方針を踏まえて、授業改善に向けた PDCA サイクルを機能させることがガイドラインにはっきり明記されている。これまでのこうした流れをしっかり理解した上で今回の制度設計を具体的かつ現実的に考えるなら、授業レベル、具体的に言い換えるならば担当教員レベルにおける 3 つのポリシーと担当授業との関係、特に卒業認定・学位授与の方針との関係性から内部質保証の整理を図る今回の取組の方向性は、これまでの無茶な FD 等に比べれば現実的であるということだ。

　ただし、施策が現実的であることとその施策自体の難易度には相関はない。授業レベル・教員レベルの改善はいつだって難しいし、今回のように「ではシラバスからしっかりと卒業認定・学位授与の方針との関係性を考えよう、当該学位プログラムにおける他科目との整合性を整理しよう」と非常に明瞭に言っても、それを実行するのは本当に大変で困難だ。卒業認定・学位授与の方針と教育課程編成・実施の方針の関係についてもまだまだ誤解だらけで、カリキュラム改革や科目群の再編と 3 つのポリシーの関係について誤解している教員も多い。この程度の次元の混乱は、自大学における内部質保証の構築に携わっている教職員にとっては日常茶飯事だと推察する（少なくとも私は手を替え品を替え立ち現れるこうした現象との不毛な格闘が日課となって久しい）。

　ただこうした議論そのものは個人レベルにおいては辛いことであると認めざるを得ないが、一見不毛に見える議論の向こう側にたどり着けた際には喜びもひとしおだ。シラバスを通じた卒業認定・学位授与の方針と設置科目との擦り合わせをきっかけにして、各教員が担当授業レベルでの教育改善に取り組み、そこを切り口として学位プログラムレベルの教育改善（狭義の教育の質保証）につなげていく。一見地味で、即効的な効果は見えづらいことかもしれない。たとえそうであったとしても、こうしたシラバスの

実質化を通じた、教員一人ひとりによる地道な教学改善が積もり積もった時、総体的、統合的に、当該学位プログラム全体の教学改善が進む道が見えてくる。どんなに難しいことでも、こうして何か僅かながらも期待できそうな道筋が見えてくると俄然ワクワクが膨らんでくる。

＜3＞認証評価と自己点検評価の関係から考える

＜3－1＞内部質保証と自己点検評価の関係

　これまで述べてきたように、「自己点検評価＝内部質保証」ではない。より厳密に言えば、現在の認証評価制度第2サイクルで散見されるようなチェックリスト方式で形式を整えただけの自己点検評価は、認証評価制度第3サイクルで考えられているような真の意味の内部質保証にはつながらない、といえば良いだろうか。法的な義務として外形標準を整えることのみに注力した自己点検評価を続けているうちは、いつまでたっても本当の内部質保証にはつながっていかないということだ。そして今切実に求められているのは、真の内部質保証に他ならないのだ。

　こう考えてみてはどうだろう。どっちみちやらなければならないのだから、これを機会に一から考え方を変えてみる。ただしここで自戒を込めて注意がひとつ。頭でっかちな我々大学教職員は、何か始めようとするとすぐに力む。時流に乗って「イノベ～ション」なんて言葉に踊ってしまう。知ったかぶりして「ロジックトゥリ～」なんてつぶやいて分かった気になる。格好つけて「ブル～オ～シャン」なんてうそぶいて酔ってしまう。何か新しいことをしようとするたびに大上段に振りかぶって大げさに動き始めて、挙げ句の果てはバランスを崩して転んでしまう。力まないことが重要だ。派手さは必要ない。あっさりと始められることから手をつけることこそ肝要だ。

　そこで、まずは大学全体の PDCA を進めてみる。機関レベルでの内部質保証に取り組んでみるのだ。もちろん、設置形態、規模、地理的・歴史的

要因等、各大学が直面している環境は異なる。そうした様々な環境に合わせて、各大学はまず「内部質保証の方向性、組織形態、手続き方法」（＝恒常性）を整えるのだ。そうした各大学の特性に基づいた PDCA を定めて質保証のマネジメント（＝質の向上）を進める。そしてオンライン・オフライン問わず、新旧メディアを駆使してプロモーションやパブリシティに取り組み、積極的に情報公開を進めアカウンタビリティ（＝質の保証）を果たす。こうした具体的な施策を通じて各大学独自の内部質保証の姿を明確に定めることが、次節で述べる第 3 期認証評価との関係においても重要だ。そして何より重要なことは、そうして各大学独自の内部質保証を着実に進める上で、自大学における自己点検評価の位置付けをしっかり定め、その役割に基づいて自己点検評価を実質化すれば、その活動は結果的に立派な内部質保証活動につながるということだ。その意味においては、自己点検評価活動は内部質保証を支える「ひとつの仕組み」として大いに評価されることになる。

＜3－2＞認証評価について

　前述の通り、認証評価制度第 2 サイクルにおいて内部質保証への着目が始まった結果、各大学はその他の評価項目と同様に認証評価対応として内部質保証を取り扱った。内部質保証を柱とした大学改革に政策的な舵が切られる中、そうした形式的な対応に関するこれまでの反省も踏まえて、さらなる内部質保証の実質化が現在求められているということなのだ。逆説的だが、「第 3 期認証評価に評価対応する」ためには「（これまでのようなやり方で）評価対応しない」本質的な内部質保証が必要ということだ。

　いくつかにわけて具体的に言えば、まず自己点検評価活動をルーティン業務に落とし込む（日常化、業務化）ことが必要だ。認証評価受審の際には、報告書提出とは別に既にルーティン化したそれらの活動を自己点検評価活動として見せればいい。例えば隔週で評価推進委員会などを開いているなら、第三者委員にそこに参加してもらえばいい。多くの評価委員はその場

で当該大学の内部質保証に対する姿勢を目の当たりにする。

　余談だが、中教審の審議まとめにもあったように、内部質保証を理解した評価委員を育成することも重要な課題だ。評価者自身がチェックリスト形式を脱却できていないなら、いったい誰が真の内部質保証を理解できるのだろう。評価者の育成は、現時点で政策に残された大きな課題だといえる。

　内部質保証そのものも、くり返しになるが、大学それぞれ違う。そのことはつまり、それぞれの大学が内部質保証をどれだけとことん突き詰めていったところで、同じ答えに収斂していくことは今回の場合はないということを意味する。例えば質の向上に資する PDCA サイクルひとつとっても、何を「P」とみなして何を「A」とみなすのかは大学ごとに全く違うし、自己点検評価と内部質保証の射程も大学ごとに全く異なるからだ。これらの「ズレ」こそが結果的に大学の「個性」を生み出すのだ。

　さて、ここで「大学の個性」などと構えてしまうと、悲しいことが起きるのもまた大学だ。よせばいいのに企画担当を称する教職員がどこかで聞きかじった珍妙な「将来ビジョン」を開陳して悦に入る。あるいは何を間違えたか広報部や入試部が出入りの広告業者に丸投げした挙げ句、莫大な予算と引き換えに残されたものは斬新な「ゆるキャラ」だけ。本当に悲しいくらい、大学ではよくある風景だ。「大学の個性」なんてものがちょっと考えただけでポンと出てくるならば、大学に限らず他の衰退産業、傾いた業種、倒産企業なども、素晴らしい個性を打ち出して生き残っていたことだろう。戦後 70 年、倒産に比する案件がほんの数件しか発生していない（全くなかったわけではないことに注意）、大学という恵まれたセクターに属する我々は、逆にそのことに対する自覚が甘すぎると言わざるを得ない。

　さて、具体的にこれからの「新しい真の意味での認証評価対応」ということで言えば、各大学の内部質保証の構造によって、同じ評価項目でもイメージが変わるということだ。自大学の自己点検評価項目と認証評価項目がある程度重なってくる大学もあるだろう。また、内部質保証体制を大きく進める大学であれば、認証評価の全項目を軽くカバーしてしまう場合も

あるだろう。あるいは逆に内部質保証体制はある方向性に絞り込み、こぼれた認証評価項目については受審時にカバーしていくという大学も当然あっていい。どれが正しいというわけではない。各大学の長期的な戦略に基づいて内部質保証の構造（方向、組織、手続等）を固める。内部質保証の構造を定めるということは、当然自己点検評価の位置付けも定まる。そうして定められた自己点検評価の形から、各大学における認証評価との関係性は自ずと定まる。これだけの話である。

　これまで日本の高等教育の世界では、どんな政策や制度を導入しても、まるで馬鹿の一つ覚えのようにおしなべて全ての大学が横並びに同じことをやることを是としてきた事実がある。今般の内部質保証の重視が暗示していることは、全ての大学が同じゴールを目指すおかしさを冷静に認識しなければならないということだ。「時は来た」。これからの大学観、大学のあり方として、内部質保証の戦略策定をきっかけに、自大学、自分自身について自覚的な取り組みを始める機会が訪れたということだろう。まさにわれわれ自身が試されている。ワクワクしかない。

おわりに

　ここまでに述べてきたように、3つのポリシーを起点とする学位プログラムの内部質保証（狭義の教育の質保証）の確立を起点に、シラバスを通じて授業レベルの内部質保証を連関させる。並行して、3つのポリシーを起点にした学位プログラムの確立を基盤として、機関レベルでの自己点検評価を実質化することによって、大学は自らの内部質保証を具現化する。そうしたポジティブな意味においてのみ、自己点検評価の実質化は内部質保証の実現に直結する。こうして恒常的・継続的な質の向上・保証を実現する内部質保証を確立している大学にとっては、「認証評価」とは、提出書類や報告書類を揃えて毎度特別に対応するものではなく、7年に一度、常日頃ルーティンで行っているような自前の内部質保証の取り組みを披露

する貴重な機会であると捉えられる。こうして各大学が独自に推進する内部質保証を総体的、統合的に支援していくことによって、制度レベルでの認証評価（日本の高等教育システムの質保証）が効果を現す。私自身は、日本の高等教育の質保証の将来を見据えた大きな絵図の１枚目はおよそこんなフレームワークになると考えている。ただ本論考で繰り返し触れてきた通り、肝心なことは現場（学部も本部も問わない）で実際に業務を遂行する教職員である。各担当部局、担当教職員は、それぞれの置かれた局面において、「自分自身の内部質保証」、つまり、「質の向上、質の保証、恒常的・継続的プロセス」を自覚した活動を、FD とか SD といった外面にとらわれることなく自ら行うのだ。こうした内発的で地道な活動の積み重ねが大学全体の内部質保証を実質化することになる。

　ただし現在自学において内部質保証に真正面から取り組んでいる一人の大学教員として本音を言えば、本論考において取り上げた事柄はその全てにおいて相互に密接に連関しており、内部質保証をなんらかの成功に導きたいと願うのであれば、これらのほとんど全てを一気呵成に同時に進めていかねばならないことについては、ここで正直に伝えなければならない。つまり、紙幅の関係からあくまでも限られた範囲に限って述べてきた内容ではあるが、ここで取り上げた多くの事柄についてはじっくり腰を据えて進める必要があると同時に、相互の関係性に鑑みて連関的にスピード感を持って進めていく必要があるのだ。だからその一つひとつに本気でチャレンジしないと何も進まない。

　さらに、正面からしっかりぶつかったからと言ってその課題が前進するとは限らないし、挑戦したからといって解決する保証もない。それどころか挫折することすら少なくない（実際私自身何回も挫折してきた）。そこで折れてしまうかどうかが鍵となるのではないか、この内部質保証というものは。わたしたちそれぞれは単なる一つの歯車かもしれないが、この動き出した歯車を止めない、止まらないように、一人ひとりの教職員が「自ら恒常的・継続的に」「自らの質の向上」「自らの質の保証」を期して日々精

進することが、自学部、自部局、自大学、そして日本の高等教育全体の質保証につながるというロマンをもつ。ありきたりだが、こうしたちっぽけな気概からしか、大仰な高等教育改革なんてものは生まれないと信じている。

参考文献
・ 大学基準協会（2009）、「平成 20 年度文部科学省大学評価研究委託事業：内部質保証システムの構築：国内外大学の内部質保証システムの実態調査」。
・ 大学基準協会（2012）、「大学評価シンポジウム報告書『アウトカム・アセスメントの構築に向けて：内部質保証システム確立の道筋』」。
・ 大学基準協会（2014）、「大学評価シンポジウム報告書　社会が求める大学評価とは　─大学の何を評価し社会に示すか─」。
・ 大学基準協会（2014）、「大学評価ハンドブック」。
・ 大学基準協会（2015）、「内部質保証ハンドブック」。
・ 大学評価・学位授与機構（2011）、「高等教育に関する質保証関係用語集第三版」。
・ 大学評価企画立案員会（2014）、「第 3 期認証評価における大学評価の基本方針」。
・ 大学評価・学位授与機構内部質保証システムの構造・人材・知識基盤の開発に関する研究会（2013 年）、「教育の内部質保証システム構築に関するガイドライン（案）」。
・ 中央教育審議会（2005）、「我が国の高等教育の将来像（答申）」。
・ 中央教育審議会（2008）、「学士課程教育の構築に向けて（答申）」。
・ 中央教育審議会（2012）、「新たな未来を築くための大学教育の質的転換に向けて：生涯学び続け、主体的に考える力を育成する大学へ（答申）」。
・ 中央教育審議会（2014）、「新しい時代にふさわしい高大接続の実現に向けた高等学校教育、大学教育、大学入学者選抜の一体的改革について：すべての若者が夢や目標を芽吹かせ、未来に花開かせるために（答申）」。
・ 中央教育審議会大学分科会（2016）、「認証評価制度の充実に向けて（審議まとめ）」。
・ 中央教育審議会大学分科会大学教育部会（2016）、「「卒業認定・学位授与の方針」（ディプロマ・ポリシー）、「教育課程編成・実施の方針」（カリキュラム・ポリシー）及び「入学者受入れの方針」（アドミッション・ポリシー）の策定及び運用に関するガイドライン」。
・ Birnbaum, R., 1992, "How Academic Leadership Works", Jossey-Bass.
・ Clark, B.R., 1983, "The Higher Education System: Academic Organizations in Cross-National Perspective", University of California Press.
・ Drucker, Peter F., 1990, "Managing the Nonprofit Organization: Principles and Practices", HarperCollins.
・ Kotler, P., 1982, "Marketing for Nonprofit Organizations (2nd ed) ", Prentice-Hall Inc.

大学教育の実質化に向けた内部質保証システムの構築

原　和世
Hara Kazuyo
大学基準協会

KEY WORD

方針の設定／組織の設置／3 側面の PDCA サイクル

はじめに

　内部質保証システムの構築は、認証評価制度、つまり、認証評価機関の評価基準において「突然」求められたと考える大学関係者が多いと推察する。大学基準協会の「大学基準」の中で「内部質保証」が示されて以降、果たして大学では、何のための「内部質保証」であるのか、学内で十分に検討されてきたのだろうかと評価に携わる事務局として思うところがある。このような考えを巡らせる中、第 2 期認証評価を 3 年終えたところで、「内部質保証」とは何かを大学基準協会として提示しようとしたものが、2015 年度刊行された『内部質保証ハンドブック』（以下、『ハンドブック』という）であった。この『ハンドブック』では、その内部質保証導入の背景や各大学の取組、そして大学基準協会が示す「内部質保証システムの体系図」の解説を踏まえ、大学の教職員に取り組んでもらいたい「内部質保

証」を示したところである。

　本稿では、各大学の内部質保証の実態に鑑みれば、内部質保証システムの構築の検討またはその取組を始めている段階であるので＊、その一助になることを期待して、内部質保証システム構築に向けてその具体的なあり方を述べたい。

＊ 本協会の大学評価結果において（2011 年度〜2015 年度）、「内部質保証」に課題があるとして指摘された（努力課題または改善勧告）は 204 校中 64 校であった。

内部質保証に関する方針の設定

　内部質保証システムを構築するにあたり、まず大学は自らの「質」をなぜ保証しなければならないのかということを考えることが必要である。認証評価機関から求められているからなど消極的なものではなく、「何のための内部質保証なのか」あるいは「だれのための内部質保証なのか」、各大学における「内部質保証」の方針を示さなければ、その大学の関係者は具体的に取り組むことができないだろう。昨今の大学教育に求められている期待という名の多くの課題にどのように応えるのか、また自大学はどういう学生を育てたいのかということを教職員で共通認識を持つことが「内部質保証」の出発点ではないだろうか。

内部質保証に責任を負う組織の設置とその役割

　大学基準協会では、『ハンドブック』に示されている体系図において、「内部質保証に責任を負う組織」の設置を提案している。

　大学評価を通じて大学の現状を見ると、大学によっては、既存の「自己点検・評価委員会」がその役割を担っていると考えている大学が多いことが分かる。しかし、既存のその組織は「内部質保証に責任を負う組織」の役割を担うものになっているだろうか。そうであれば、あえて「内部質保証に責任を負う組織」の設置を大学基準協会が今回示すこともなかっただ

ろう。つまり、既存の「自己点検・評価委員会」の役割では不十分だと言われているのだ。各大学では、そもそも「内部質保証」と「自己点検・評価」の違いを理解しているのだろうか。誤解を恐れずに言うならば、自己点検・評価が内部質保証だと捉えている大学が少なくない。

　「内部質保証に責任を負う組織」に与えられる重要な使命は、その大学の「内部質保証」に関する取組をマネジメントすることにあるだろう。ただし、大学の組織風土によっては、この組織体によるマネジメントに各部局が過剰反応する可能性があることは否定できない。そのため、この組織体の権限については、各大学において十分に検討する必要があるだろう。その際、学内の各組織に設けている自己点検・評価委員会との関係性も整理する必要がある。多くの大学では、自己点検・評価の「実施」に留まっているのではないだろうか。既存の自己点検・評価委員会の規程を確認し、現況の組織の活動目的や役割を見直すことから始めていただきたい。現状、大学によっては、学長が自己点検・評価委員会の委員長となっているケースがある。その場合、委員長としての役割が学長の役割と異なることを明確にしなければならない。また、大学執行部とこの組織との関係性も整理する必要がある。この関係性は、マネジメントという言葉と深く関わってくるだろう。

　そして、「内部質保証に責任を負う組織」は、内部質保証に関する方針、手続を定め、学内における評価基準を策定し、大学全体としての検証プロセスを決定することが必要である。ここでいう評価基準は、認証評価機関が定めた基準ではない。学内の各部局からの自己点検・評価活動が適切に機能しているかを「内部質保証に責任を負う組織」として、判断するための基準である。大学基準協会の大学評価では、大学に基準ごとの達成度を（Ｓ，Ａ，Ｂ，Ｃ）の評定として示してもらっている。大学によっては、点検・評価報告書の内容とギャップがあり、その評定の基準をどう設定しているのかと、評価者を悩ませる場合がある。そもそも達成度を評価する具体的な基準を持ち合わせているのだろうか。

　この学内における評価基準を基に、各部局の自己点検・評価活動を検証

し、その検証結果を各部局の改善・改革に結び付ける仕組みを整備することも必要である。認証評価を受ける準備として報告書を作成するだけの自己点検・評価、課題の洗い出しはしたものの、その後改善する意思がない「やりっぱなし」の自己点検・評価であっては、改善・改革に結びつかず、その活動自体が形骸化することは否めない。「内部質保証に責任を負う組織」は、大学全体の検証プロセスを整理するとともに、部局ごとの検証プロセスを把握しなければならないだろう。

つぎに、検証プロセスを回すスケジュールがどうなっているのか、各大学、各部局で再点検してもらいたい。毎年自己点検・評価を実施していて、自らの質保証に努めている大学もある。一方、「定期的に自己点検・評価を行う」とだけを示し、この「定期的に」を問うと、「（認証評価を受けるため？）7年ごと」、「（認証評価＋改善報告書の提出時期にあわせて？）3年ごと」とそのスケジュールを疑いたくなるケースも少なくない。では、大学は「定期的」のスパンをどう定めなければならないだろうか。毎年実施することが理想と思うが、大学の活動によっては、1年サイクルで検証が必要なものもあれば、中期的なサイクルで検証が必要なものもある。例えば、入試に関していえば、これを7年ごとに検証している大学はいないだろう。入試時期、入試方法等に沿って、半年から1年でその内容を見直しているはずだ。また、極端に言えば、カリキュラムを毎年見直す必要はない。各科目とカリキュラム全体の成果が見えた段階、つまりそのカリキュラムで初めて卒業生を送り出したあと、カリキュラム全体の検証ができるのではないだろうか。

各学部・研究科での PDCA サイクル

最近ではナンバリングを導入するなど、カリキュラムを体系的に編成し、学生に系統的に履修させている大学は少なくない。しかし、目標とする学習成果の修得をカリキュラム全体で実現することを考慮すれば、教員間の

より一層の連携が重要である。担当科目のカリキュラム上の位置付けや他の科目との関係性については、シラバスで示しているから分かるだろうと叱責されそうだが、連携を促すためには、教員間での情報共有が欠かせない。あとは、その情報共有の機会をどう設定するかだろう。大学によっては、ＦＤ活動として、教員相互の授業参観を導入し、他の教員の授業を参観することを義務付けたり、全教職員対象で毎年泊りがけでの意見交換会を実施したりと、様々な取組を行っている。

　各部局の自己点検・評価活動の主な目的は、プログラムレベルと授業レベルの改善・改革である。シラバスの点検や厳密な成績評価などはＦＤ活動を通じてすでに取り組まれているだろうから、今後の課題としては、3つの方針（学位授与方針、教育課程の編成・実施方針、学生の受け入れ方針）と提供しているプログラム（現状はカリキュラムと称したほうが分かりやすい）の再設計、そして学習成果の測定であろう。プログラムの再設計や学習成果の測定が容易にできるものではないことは誰もが理解しているところであるが、社会が大学教育に求めている課題に対し、回答しないという姿勢を貫ける大学は除いたとして、多くの大学は何らかの回答をしなければならない状況にある。そのためにも、まずは学生がどのような知識、能力、態度などを身に付けることが出来るのか、すなわち、学習成果とは何かを改めて検討し、そのうえで、3つのポリシーとカリキュラムを見直していただきたい。

　プログラムレベル（授業レベルも含む）での主たる責任主体は、関連する教員組織、つまり教授会であろう。学校教育法の改正に伴い、教授会は、学長に対し、「意見を述べる」ことができる組織体と改められたが、学長が学内の細部まで実質的に管理するのは難しい。プログラムレベルに関して中心的な役割を果たすのは教授会であることを考えると、その長である学部長の果たす役割もまた重要である。

　大学評価を通じて見えるのは、『ハンドブック』で示した大学レベル、プログラムレベル、授業レベルの3側面でのPDCAサイクルの連携がうま

く機能している大学が多くないことである。とりわけ、ここでは、プログラムレベルでの事例を紹介したい。各部局に設けている自己点検・評価委員会とＦＤ委員会、カリキュラム委員会などの位置づけと関係性が不明なケースが少なくない。最終的には、学部内では、教授会に報告し、改善を検討しているようであるが、各委員会での審議事項の整理が必要だろう。また、ある学部関係者は、自分たちのシラバスはほぼ完ぺきだと理解しているが、上部の組織体からはシラバスを充実するようにという指示が毎年届くという。この場合、その学部の認識が不十分なのか、それとも上部組織が学部の状況を把握していないのかと考えられるが、いずれにしても情報共有ができてない典型的なケースである。

専門部署の設置

「内部質保証に責任を負う組織」と同様に、この組織に関わる専門部署の設置は重要である。７年に一度の認証評価対応ではなく、恒常的にその大学の諸活動の現況を把握し、質保証に関する取組全般を支援していくことがこの部署の主な役割である。学内の情報を集約することから始まり、各部局の点検・評価活動を推進するための情報を提供するなど、その大学の内部質保証に関して、ある意味実質的かつ中心的な部署となるだろう。大学の規模が大きいほど、学内の情報を集約すること自体が複雑になる。また、小規模大学であっても、学内の現況を把握するためには、情報は一元化したほうが良いことは、大学関係者はすでにお気づきであろう。

学外者・学生からの意見聴取の機会

「内部質保証システム」が有効に機能しているかを判断するために、学外者や学生の意見を徴収する仕組みを持つことも考えられたい。例えば、大学全体の内部質保証システムが機能しているかを評価してもらう場合、

カリキュラム改定を検討する際に、参考意見として取り入れる場合など、取り入れ方は複数あるだろう。筆者がオーストラリアの評価機関が実施する実地調査にオブザーバーとして参加した際、その大学では、プログラムを改定するにあたり、附属高校や入学者が多い高校の教員との意見交換を行っていた。実地調査では、評価者が高校教員とも面談を行い、送り出す高校側の期待するプログラムを提供しているのかなど、意見を聴取し、内部質保証に取り組む大学の姿勢を確認していた。

　各大学の提供している教育が果して社会のニーズに沿ったものなのか、学生は入学時に思い描いていた大学生活を送れているのか、「質保証」の観点から外部の意見を徴収することで、そのシステムはより強固なものになるだろう。

おわりに

　最後に『ハンドブック』の内容と繰り返しになるが、大学基準協会が大学に求める「内部質保証」には、1）客観的・独立性のある評価システムの構築とその機能化という「質の向上」、2）情報公開を通じて関連する法令を遵守していることや認証評価機関の基準に適合していることを自ら証明し、ステークホルダーへ説明責任を果たす「質の保証」、3）検証と改善、説明のプロセスを恒常的・継続的に行うことを掲げている。そして、その「内部質保証」の究極の目的は、学生の学習成果を向上させたいというものであり、またこの究極の目的に向けて教育を行うということを改めて学内の教職員で共有してもらいたい。

　第3期認証評価では、各大学の「内部質保証システム」が機能しているのかを評価することに重点が置かれる。各大学の取組の成果がどういう形となっているのか、またそれを、第三者として評価者がどう評価するのか、日本の大学の発展につながるような評価を行うよう、これまで以上に気を引き締めて携わっていきたいと思う。

内部質保証システムの有効性と大学基準協会の役割
―むすびにかえて―

工藤　潤
Kudo Jun
大学基準協会

KEY WORD

**3 つの方針／教育の PDCA サイクル／
全学内部質保証推進組織**

はじめに

　内部質保証が認証評価で最初に取り上げられたのは、大学基準協会（以下、「基準協会」という）の第 2 期認証評価（2011（平成 23）年度開始）からである。大学が社会に有為な人材を確実に輩出していくためには、大学教育の改善に連動するような自己点検・評価を実施し、大学教育の質重視への転換を図る必要があり、基準協会はそのための学内の全学的装置として内部質保証システムの構築を求めたのである[1]。

　しかし、現実には、自己点検・評価と内部質保証の違いに混同が見られたなど、内部質保証の理解が必ずしも各大学に浸透していないように見受けられたこと、また、2011（平成 23）年度から 2014（平成 26）年度の認証評価結果[2]において内部質保証について改善に関する提言が付された大学が少なくなかったことから、基準協会は、こうした現状を踏まえ、内部

質保証の考え方やあるべき方向性を明確にし、各大学にとって参考となり活用し得るような手引書として『内部質保証ハンドブック』を作成することとした。そして、2015（平成27）年7月、同書を刊行した。

　また、基準協会は、2018（平成30）年度からスタートする第3期認証評価に向けてそのあり方の検討を進めてきたが、ほぼその枠組みが固まりつつある。

　本稿では、基準協会の第3期認証評価の方向性を概観するとともに、内部質保証のあり方、その有効性を高めるための方策、内部質保証システムの有効性を高めることに対する基準協会の役割について私見を交えて述べてみたい。

1 内部質保証の基本原理

　2016（平成28）年3月、文部科学省は「学校教育法第百十条第二項に規定する基準を適用するに際して必要な細目を定める省令」を改正した。その改正で特に注目すべき点は、大学における教育研究活動等の見直しを継続的に行う仕組み（内部質保証）、卒業の認定に関する方針、教育課程の編成及び実施に関する方針並びに入学者の受入れに関する方針、すなわち3つのポリシー（ディプロマ・ポリシー、カリキュラム・ポリシー及びアドミッション・ポリシー）などを、認証評価機関が定める評価基準に共通して定めなければならない事項として位置付けたことである。さらに、内部質保証については、認証評価において特に重視すべき事項と定めた。

　ところで、基準協会は、第2期認証評価の開始に先立ち、全国数ヵ所で内部質保証を重視する認証評価に関する説明会を開催したが、その際、内部質保証の重要性を説く最大のキーワードとして「大学の自主性・自律性」を掲げた [3]。教育の質とその保証の第一義的責任は、大学自身が負わなければならないとする国際的共通理解 [4] が存在していることを前提に、内部質保証に対して大学が自主的・自律的に取組むことを基本原理とした。

　この度の省令改正は、認証評価において内部質保証を評価の重点項目に位置付けたことは、言い換えれば、各大学に対して内部質保証システムの構築とその機能の向上を法令上義務付けたことになる。本来、自主的・自律的営みであるはずの内部質保証を、法令で義務付け強制すること自体、内部質保証の本質と矛盾するのではないかと考える。法令遵守が自己目的化されてしまい、内部質保証に係る取組が実質化されなければ意味がないのである。

② 基準協会の第3期認証評価の方向性

　2018（平成30）年度から実施する第3期認証評価に向けて、基準協会は、評価基準である「大学基準およびその解説」と「点検・評価項目」の改定を行った[5]。以下に、現行の大学基準と第3期の新大学基準の大項目の比較表を記す。

新大学基準の大項目の比較

現行の大学基準	新大学基準
1．理念・目的	1．理念・目的
2．教育研究組織	2．内部質保証
3．教員・教員組織	3．教育研究組織
4．教育内容・方法・成果 （1）教育目標、学位授与方針、教育課程の編成・実施方針 （2）教育課程・教育内容 （3）教育方法 （4）成果	4．教育課程・学習成果
5．学生の受け入れ	5．学生の受け入れ
6．学生支援	6．教員・教員組織
7．教育研究等環境	7．学生支援
8．社会連携・社会貢献	8．教育研究等環境
9．管理運営・財務 （1）管理運営 （2）財務	9．社会連携・社会貢献
10．内部質保証	10．大学運営・財務 （1）大学運営 （2）財務

まず、「大学基準およびその解説」の主な改正点は次の3点に集約される。

(1) 内部質保証の一層の重視

基準協会は、第3期においては内部質保証をより重視する方向を目指すこととなった。具体的には、大学は内部質保証システムを有効に機能させて、大学教育の質の保証、質の向上を図っているかどうかを重視するというものである。

また、大学基準において、基準の順番を「理念・目的」に次ぐ2番目に「内部質保証」を位置づけた。これは、「内部質保証」をこれまで以上に重視していくことのメッセージでもあると同時に、「理念・目的」と「内部質保証」については、大学全体を俯瞰する総論的位置付けとした。

(2) 教育のPDCAの重視

授与する学位ごとのディプロマ・ポリシー及びカリキュラム・ポリシーの設定、ポリシーに基づく教育課程の体系的編成、効果的教育方法の開発とその実施、学生の学習の活性化、適切な単位認定・学位授与、学習成果の把握・評価とその活用など、教育のPDCAに関する一連の流れを明確にした。現行の大学基準の解説では、「4. 教育内容・方法・成果」について、「(1) 教育目標、学位授与方針、教育課程の編成・実施方針」「(2) 教育課程・教育方内容」「(3) 教育方法」「(4) 成果」と4つに区分されていたが、その区分を撤廃して教育をPDCAの一連の流れの中で包括的に評価する方式を採った。

また、学習成果については、今期同様、基準協会が直接的に評価してその適切性・妥当性を確認するのではなく、あくまでも把握・評価する第一主体は大学自身にあること、またその把握・評価した結果を教育の改善に連動させているかが重要であるとの観点に立ってその評価を行うこととした。

（3）管理運営から大学運営へ

これまでの基準 9「管理運営・財務」を、基準 10「大学運営・財務」に変更した。

「管理」という単語は、限られた範囲の中で統制するというトップダウン方式を連想させるものであるが、むしろこれからの大学は、学長・学部長などの執行部、教員、職員が一体となって大学の運営に当たることが重要であるとの立場から、「大学運営」と名称を改めた。

③ 内部質保証システムの構築とその有効性の向上

前述したように、基準協会は、第 3 期認証評価において内部質保証システムの有効性に着目した評価を重視する観点から、「大学基準及びその解説」の中で内部質保証のあり方をより明確にした。以下、私見を交えて解説を試みることとする。

（1）内部質保証の定義

まず、内部質保証について、「PDCA サイクル等を適切に機能させることによって、質の向上を図り、教育・学習等が適切な水準にあることを大学自らの責任で説明・証明していく学内の恒常的・継続的プロセス」と定義づけ、内部質保証を実施する際に「質の向上」「質の保証（説明責任）」「恒常的・継続的プロセス」の 3 点が重要な要素であることを明確にした。

（2）内部質保証の本質

内部質保証においては、3 つのポリシーの設定とそれに基づく学位プログラムの体系化が極めて重要である。すなわち、各学部、研究科等において、意図する学習成果を明確化し、それを修得させるための体系的カリキュラムの編成、効果的教授法の開発とその実施、適切な学習支援活動、厳格な成績評価と学位授与などを相互に整合させるとともに、これに相応しい

入学者を確保することである。こうした各学部、研究科における学位プログラムの PDCA サイクル（設計・実施・検証・改善）を不断に機能させるためのガバナンス体制を確立し、全学的教学マネジメントを実施することが、内部質保証の実質化へとつながっていくのである[6]。

各学部、研究科における 3 ポリシーに基づく教育活動と PDCA サイクル

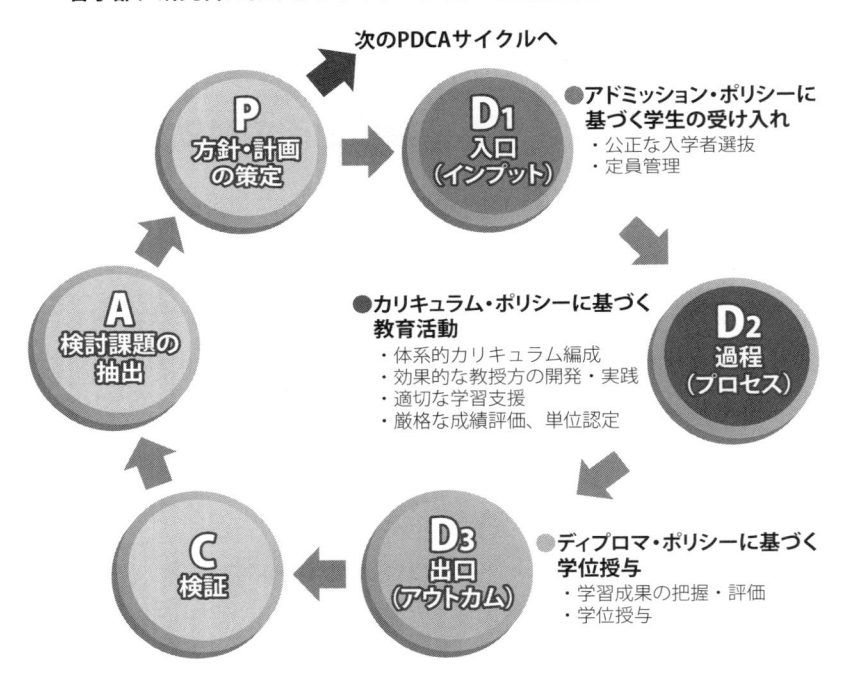

（3）内部質保証システムの構築

　内部質保証システムを構築するにあたり、大学全体として内部質保証の推進に責任を負う組織（以下、「全学内部質保証推進組織」という）を整備するとともに、内部質保証のための全学的な方針と手続を明示することを求めることとした。

　全学内部質保証推進組織は、各学部、研究科等における3つの方針の設定とこの方針に基づく教育の企画・設計（P）、3つの方針に基づく教育の展開（D）、教育活動の検証（C）、検証結果に基づく改善・改革（A）の一連のプロセスが適切に展開するように必要な運営・支援等の役割を担う全学的教育マネジメントを掌る組織となる。この全学内部質保証推進組織は、それぞれの大学の特性等によってその構成メンバーは異なるものであるが、その重要性に鑑みれば、大学の執行部のメンバーが加わることが望ましいと言えよう。なお、同組織については、既存の組織に全学的内部質保証の機能を付与することで対応することも考えられる。

　また、内部質保証のための全学的な方針と手続を設定するにあたっては、内部質保証に関する大学の基本的考え方、内部質保証の対象範囲、全学内部質保証推進組織の権限・役割、全学内部質保証推進組織と各部局との役割分担、教育の企画・設計、運用、検証及び改善・改革のため行動指針等を定める必要がある。

全学内部質保証推進組織と各部局との関係図（例）

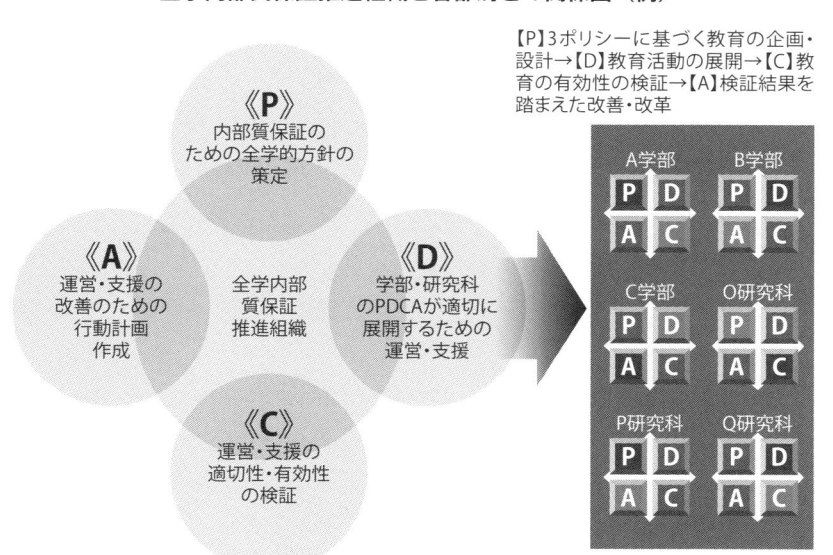

（4）内部質保証システムの有効性の向上

　内部質保証システムの有効性を高めるために、全学内部質保証推進組織が、学部・研究科の教育の PDCA サイクルが十全に機能するようにその道筋をつけ、学部・研究科の教育活動の調整・支援などを行う必要がある。

　まず、各学部・研究科における PDCA サイクルを機能させるためには、以下の方法が参考となろう[7]。

①目標・計画の設定（P）

- 具体的目標の設定
- 目標実現のための手順・方法（具体的目標達成のための行動計画）の明確化
- 学内構成に対する具体的目標と行動計画の周知

②実行の段階（D）

- 計画に基づく具体的な下位目標の設定
- 組織・個人レベルでの下位目標の明確化
- 下位目標に基づく着実な活動の展開
- 構成員の活動を動機づける工夫の設定

③点検・評価の段階（C）

- 客観的データ、資料等に基づく活動実態に対する点検・評価
- 目標・計画との照合という観点からの点検・評価
- 点検・評価の信頼性・妥当性を高めるための工夫

④調整・改善の段階（A）

- 点検・評価結果をもとにした方針・目標の見直し、計画・方法の手直し
- 改善・改革に向けた点検・評価結果の的確な整理・分析
- 点検・評価結果によって明らかになった問題点の適切な処理
- 点検・評価結果を改善・改革につなげるための手順・方法の策定

　特に、上記「点検・評価の段階（C）」に行われる各学部・研究科の教育プログラムの評価（プログラム・レビュー）は、「教育・学習等が適切な水準にあることを大学自らの責任で説明・証明」する上で、すなわち大学教育の質を保証する上で、内部質保証システムの重要な構成要素となる。したがって、プログラム・レビューを実施するにあたっては、各学部・研究科が責任を持って取り組めるように、全学内部質保証推進組織がその実施方法等をあらかじめ定めて明示しておくことが重要である。例えば、プログラム・レビューの目的、対象範囲、自己点検・評価項目及び評価視点、外部評価の実施方法及びその評価者の選任方法、自己点検・評価及び外部評価の結果の活用方法、プログラム・レビュー全体のタイムスケジュールなど、これらをマニュアル化して各学部・研究科に示すことも肝要である。

（5）第 3 期認証評価における自己点検・評価のあり方

　第 2 期の認証評価では、教育課程、教員組織などについては、各学部・研究科単位での自己点検・評価を実施し、その結果を報告書に記すように求めていた。

　第 3 期認証評価では、内部質保証を重視しその実質化を促進させる観点から、学部・研究科で実施している自己点検・評価の結果を大学全体としてどのように把握し、それをもとに執行部がどのように学部・研究科を支援して改善に向けて導いているのかという大学の教学マネジメント力が極めて重要であるとの立場をとることとした。

　したがって、大学が作成する点検・評価報告書は、大学全体としてまとめることに意味があり、そのことが「内部質保証システムの有効性」を評価することにつながると考えている。

おわりに
―内部質保証の有効性を高めるための 今後の基準協会の役割―

　基準協会は、第 2 期認証評価に入るに先立ち、諸外国の内部質保証の現状と課題を調査した。特に、イギリスの大学の調査において明らかになった点は、大学は自治的存在であることを前提に、質保証・質向上のための仕組みの構築とその機能的有効性を高めることに主体的に取組むことは大学の責任であり、そのために質にこだわる文化を学内に醸成していくことが極めて重要であるということである[8]。

　イギリスの場合、設立特許状（ロイヤル・チャーター）が交付され、大学として認可されると大幅な自治権が与えられる。例えば、新たな学位プログラムを設置することは大学の自治に任されており、日本のようにあらためて国の認可を必要としない。ただし、その自治権を行使するにあたっては、大学自らがその質の保証に責任を負わなければならないため、内部質保証システムの構築が不可欠となってくる。また、そのシステムは、単に当該大学の意向のみで完結されるものではなく、学外者の意見を適宜取り入れるなど質保証における客観性・妥当性が担保されるものでなければならない。その代表的な仕組みの 1 つが、学外試験委員制度（external examiner system）である[9]。

　しかしながら、わが国では、新学部、新研究科の設置認可や完成年度まで実施されるアフターケアなど、国が質保証に大きく関与し、また、先の省令改正では認証評価において内部質保証を重視することを求めるなど、大学に内部質保証システムを構築することを法的に義務づけた。イギリスと日本では、大学に内部質保証を導入する文脈に差異があること、すなわち内部質保証に対する自発性の違いに留意しなければならない。

　それでは、わが国の大学の内部質保証システムを有効に機能させるた

めに、基準協会としてどういう役割を果たすことができるのか。例えば、内部質保証に関して他大学の優良事例（グッド・プラクティス）を共有する場を提供していくことが考えられよう。現在も、次年度に認証評価の受審を予定する大学を対象とした「大学評価実務説明会」において、内部質保証の事例紹介を実施しているが、今後はより充実した内容にしてシンポジウム形式で実施することも考えられよう。また、内部質保証の優良事例を掲載した事例集の発行も考慮されて良い。

　また、内部質保証に係る人材育成にも寄与していくことが考えられる。基準協会では、2012（平成24）年度から正会員大学の教職員を対象とした「スタディ・プログラム」を開催している。これまで、内部質保証の構築、ルーブリック作成、学習成果の測定などのテーマでワークショップを開催してきた。今後も内部質保証に関係するトピックを取り上げてこのプログラムを継続させていきたい。

　内部質保証システムの機能を高めていくにあたり重要なことは、大学内に質の文化を醸成することである。そのためには、大学と認証評価機関である基準協会との間の信頼関係をより強固なものにしていくことが不可欠である。そして、何よりも重要なことは、基準協会は大学の理念・目的の実現に向け、大学教育の質に対して当該大学と一緒に向き合い、質の向上をエンカレッジしていくような評価に全面的に転換していくことである。こうした評価を実施していくことこそが、大学の質の文化の醸成に寄与するとともに基準協会の評価の理念の実現に通じることにもなるのである。

　基準協会は1951（昭和26）年に第1回の適格判定（アクレディテーション）を実施したが、その際に発行した『適格判定について』には次のような一節が記されている。最後にそのことを紹介しておきたい。

> 「適格判定は大學基準という尺度をあてがつて大學を測定することではなく、一つの大學が掲げている目的が大學教育に適しているかどうか、その大學がなしまたなそうとしていることが果たしてその大學が掲げている目的に沿うているかどうか、またその大學はその水準を維持しその質的向上に努力しているかどうかを判断することにある。從つて適格判定の遣り方は單に判決を下すことではなくて、その大學の質的向上への努力を勇氣づけるように行わるべきである。」[10]

*1 工藤「大学基準協会が実施する新大学評価システム—内部質保証システムの構築の必要性—」『大学評価研究』第 9 号、2010、pp.18-19
*2 2011 ～ 2014 年度において、内部質保証に関して提言（改善勧告または努力課題）が付された大学は、151 大学中 50 大学で、約 33% である。
*3 第 2 期認証評価に入る前に開催した説明会で配布した「大学評価ガイドブック」大学基準協会、2010 年を参照。
*4 例えば、"Guideline of Good Practice in Quality Assurance" INQAAHE,2007 p8 では、「外部質保証機関は、高等教育機関及びそのプログラムの質およびその保証は、高等教育機関自身がその第一義的責任を負うことを理解していること。」と定めている。このほか、"CHEA INTERNATIONAL QUALITY GROUP INTERNATIONAL QUALITY PRINCIPLES" CHEA, 2015 にも、同様な内容を定めている。
*5 最新の「大学基準及びその解説」は、2016 年 5 月 23 日に改定された。
*6 『内部質保証ハンドブック』大学基準協会、2015.7、pp.93-94
*7 生和秀敏「第 1 章大学評価論の理解　第 3 節大学評価の P D C A モデル」『大学評価論の体系化に関する調査研究報告書』大学基準協会、2015、pp.159-161、「P D C A を活用した大学改革の現状と課題」（2016.6.29 開催の大学基準協会職員研修会ハンドアウト）
*8 工藤・砂田「イギリスにおける質保証に関する報告」『内部質保証システムの構築—国内外大学の内部質保証システムの実態調査—』（平成 20 年度文部科学省大学評価研究委託事業）大学基準協会、2009 年、pp.163-173
*9 学外試験委員制度について、安原は次のように解説している。
「大学・高等教育機関が提供する教育および授与する学位・資格の質と水準に対して責任を有するのは個々の大学・高等教育機関であるという前提のもとに、当該機関の関係者のみではなく他大学等の専門家にも学外試験委員（external examiner）として試験の実施や学位審査に関与してもらうことによって、より厳格かつ公正に教育（端的には学位・資格）の質と水準を保証証しようというのがその趣旨であった。学外試験委員には、独立の客観的な立場に立つ当該学問領域の専門家として、設定された教育の水準や学生の学業達成度等について大学・高等教育機関に助言する監視役としての役割が期待されたのである。」
安原義仁「イギリスの大学・高等教育における学外試験委員制度の再構築へ向けて—QAA 文書「学外試験委員制度」を中心に—」『大学評価・学位研究』第 3 号、大学評価・学位授与機構、平成 17 年 9 月より抜粋
*10 『適格判定について』大学基準協会、1951 年、p15

資料編

第3期認証評価における大学評価の基本方針
平成26年7月1日
大学評価企画立案委員会

大学評価改革の趣旨

　大学基準協会（以下「本協会」という。）は、平成30年度がその第3期目の開始にあたる大学評価を改善する。それは、現在の第2期認証評価において特に重視する各大学の内部質保証を引き続き基本としつつも、その後の状況変化も勘案して、所要の措置を採ろうとするものである。

　平成16年度に認証評価制度が導入されて以後、今日に至ってもなお指摘される問題は、大学評価が大学の教育研究水準の維持・向上に及ぼす効果が十分なものかどうかであり、加えて、評価にかかる負担感と質保証における大学の主体性低下という現象である。また、広く大学を取り巻く昨今の状況を見遣れば、学生の学習成果をはじめとする「アウトカム」への関心の高まりや、大学がその個性・特色を追求することが強調される、いわゆる「機能別分化」の傾向などが新たな傾向として指摘されよう。また人材育成等の面でも、大学は大きな社会的責任を負っており、説明責任の履行は常に重要なポイントである。したがって、認証評価等の質保証それ自体も、社会との関係を重視して行うことがますます求められるようになっている。

　こうした状況等を踏まえ、認証評価の制度化以後、その重要な一翼を担ってきた本協会は、大学評価のさらなる発展・充実を図っていかねばならない。そしてその際、最も重要なことは、大学評価が大学の自主性・自律性に根差すべきことであり、大学の主体的な取り組みを前提とするものでなければならないことである。そもそも本協会は、昭和22年に創設され、その際に大学基準を設定した。大学基準は、本協会の正会員大学の総意のもとで、わが国における大学及び大学教育のあり方を定め、これを本協会への正会員としての加盟に際する資格審査、各大学の自己点検・評価の基準、さらに最近では認証評価のための基準として位置づけ、各大学の自主性・自律性を尊重することを基本に、わが国の大学の質を保証し、またその向上を支援してきた。認証評価を担うようになってからも、このことは基本的な立場として貫いてきたものであり、今後もまた同様である。各大学の自主性・自律性に根差し、第3期認証評価において引き続き内部質保証の適切な機能を前提とした評価の実施を謳うのはこのためである。この内部質保証を基本としたうえで、大学が直面する各種課題に応えるために、以下に述べることを今後の大学評価の基本方針とし、必要な改善を図っていく。

　なお、以下の基本方針を踏まえながら、今後具体的な改善方策を明確にしていくことになるが、それは、「点検・評価項目」及びそれに関連する「大学評価に際し留意すべき事項」等の改善や、大学評価結果、大学基礎データ等の様式や点検・評価報告書記載事項等の改

善を軸に行う見通しである。また大幅改定は見込まないものの大学基準の改定（趣旨をより明確化するために、表現の修正含む）も視野に入れる。

大学評価の改革方向

　第3期認証評価における大学評価は、以下の7つを基本方針とし、必要な改善を図ったうえで現行の大学評価のねらいを深化・発展させていく。

1．大学評価の対象と観点

・内部質保証の有効な機能を前提とした大学評価の一層の推進

　　第2期認証評価において本協会は、大学の自主自律を尊重し、大学の内部質保証を一層重視するものへと大学評価を改革した。しかしながら、大学の教育・研究・社会貢献活動など大学の役割の重要性や大学への社会的関心がますます高まる中、いまや内部質保証はその構築のみでなく、これを有効に機能させることが一層問われる段階といえる。本協会は、引き続きこの内部質保証を大学評価において最も重視するポイントとしつつ、必要な改善を進めていく。

・アウトカムを適切に視野に入れた評価の実現

　　昨今ますます関心が高まる学生の学習成果（ラーニング・アウトカム）を含め、大学の諸活動全般について、それがどのような意図で導入され（インプット）、どのように実施され（プロセス）、そしてどのような結果や成果を導いているか（アウトカム）にバランスよく目を配ることは、大学を適切に理解するうえで重要なことである。したがって、本協会は、大学評価のアプローチを、教育条件の整備の適切性（インプット）だけでなく、目的達成のための種々の取り組みの有効性とその成果（アウトカム）までを適切に視野に入れたものとする。もっとも、例えば学生の学習成果について、その設定や把握、評価の第一の主体はあくまで大学であり、本協会が何らかの具体的な成果指標を持って各大学のアウトカムそれ自体を直接に評価することがないのは、これまでと同様である。

・多様な大学に適切に対応した評価の実現

　　国・公・私立の設置形態はいうまでもなく、設立から今日までの歴史的経緯、設置する学部・研究科の分野や規模、所在地などにおいて各大学は多様である。近年わが国においては、「機能別分化」として大学の特色や特性が強調され、その推進が重要課

題のひとつとされている。本協会としては、各大学の「機能」を、「社会貢献機能」など限られた類型で考える立場に立たない。あくまで各大学がそれぞれの理念・目的に応じて追求しようとする取り組みを尊重し、その多様性を前提として大学評価に取り組む。そのため、以前から行ってきた「達成度評価」を中心に改善を図ることで、この課題に応えていく。

・**大学としての基礎的要件の厳格な確認と明確な提示による大学教育の可視化**

　質保証を通じて説明責任を果たし、大学を社会に対して可視化していくことは、認証評価機関として極めて重要である。このことは、あらためて言うまでもなく、事前規制から事後評価へと大きく舵を切った高等教育行政の根底にある考え方である。本協会は大学評価の目的を、大学の質の保証と大学の質的向上の支援としてきた。今後もこれを大学評価の目的として追求し、質の保証にあっては、大学が基礎的要件を満たしているか否かを、法令要件をはじめ大学評価の見地から総合的にかつ厳格に問い、確認する。そしてこれを社会に対して明確にしていく。このことで、本協会が負う認証評価機関としての質保証機能を一層高め、引き続き社会的信頼に応えていく。

２．大学評価の価値を高めるために

・**大学評価の国際的な通用性の発展・強化**

　大学の内部質保証を重視することは、高等教育質保証機関国際的ネットワーク（ＩＮＱＡＡＨＥ）のガイドライン※等からも確認できる国際的に広く受け入れられた考え方である。また、アウトカムを適切に視野に入れた評価を行うことも、広く国際的に見られるもので、質保証の国際通用性を高めるうえで重要な要素である。本協会は、大学評価の改善を図るこのたびの諸方策を通じ、大学評価の国際的な通用性を一層高め、国際展開を図ろうとするわが国の大学に益するようにしていく。

・**社会との関係を重視した大学評価の実現**

　大学は、研究を通じて新たな知識・技術・思想を創造し、社会にこれを移転するとともに、教育を通じて高度な知識・技術を次世代に伝え、このことにより有為な人材を輩出するという社会的な責任を負った存在である。本協会は認証評価機関として、大学評価を通じて各大学の特色・個性を適切に社会に伝えるとともに、大学評価に社

※ International Network for Quality Assurance Agencies in Higher Education, 2007, *Guidelines of Good Practice in Quality Assurance*、European Association for Quality Assurance in Higher Education, 2009, *The Standards and Guidelines for Quality Assurance in the European Higher Education Area* 3rd. ed.など。

会の声を反映できる仕組みを構築するなど、社会との関係を一層重視する。

・より効率的な大学評価を追求することによる大学および評価者の負担の軽減

　効率的な大学評価を追求することは、大学評価の効果を高めるうえで必須である。第2期認証評価において、内部質保証を一層重視するものへと大学評価を改革したのは、大学の自主性・自律性をより尊重することで、大学に必要以上の負担をかけないようにする意図もあわせ持つものであった。このため、点検・評価項目、点検・評価報告書の作成方法などにおいて、より取り組みやすくなるような改善を図ることを通じて、より効率性に優れた大学評価へと改善を図る。

　第3期認証評価を迎えるまでには、上記のほかにもさまざまな課題が浮かび上がることが予想される。そのような課題も踏まえながら、必要となる改善を行って大学評価を発展させていく。

以上

わが国の大学における「内部質保証」現況調査アンケート（第1回）実施要領

公益財団法人　大学基準協会
高等教育のあり方研究会
内部質保証のあり方に関する調査研究部会
部会長　早田幸政

１．アンケート調査の実施目的

大学基準協会（以下、「本協会」という。）は、認証評価が第2期目となる2011（平成23）年度より、「内部質保証」を一層重視する方向へと大学評価の改革を行いました。この「内部質保証」を巡っては、国際的にも強い関心が払われ、わが国においてもその実質化を図っていくことがますます課題視されています。

そうしたなかで、「内部質保証」の概念、構造を明確にし、それを本協会の大学評価に適切に活かすことを目的として、新たな調査研究に着手することとなりました。

この調査研究の一歩として、全国の大学を対象に「内部質保証」の現況に関するアンケート調査を実施することといたしました。このアンケート調査は、2回に分けて実施いたします。

まず第1回の本アンケート調査においては、「内部質保証」について、貴大学の考えや取り組み等を自由にお聞かせいただくことを目的に実施いたします。また、2回目のアンケート調査においては、「内部質保証」の取り組み等について、より具体的にお聞かせいただくことを目的に実施いたします。

２．アンケートの回答方法

原則として、第1回、第2回のアンケートとも、「内部質保証」について大学を代表して回答できる方にご回答をお願いいたします。

回答方法は、別紙回答用紙の設問ごとに用意されている回答欄の中から、選択式項目は該当する番号を、自由記述式項目は該当する内容を、それぞれ回答用紙にご記入下さい。

また、ご回答いただいた内容に関わり、確認のため本協会よりご連絡を差し上げる可能性があります。お手数ですが、アンケート末尾に回答者のご連絡先等もご記入下さい。

ご回答にあたっては、本協会のホームページ（下記URL）に掲載している回答用紙の様式をダウンロードして、回答をご記入の上、2013（平成25）年12月20日（金）までに、回答用紙の電子ファイルをメール添付にて大学基準協会あて（kikaku@juaa.or.jp）にご返信下さい。

URL：http://www.juaa.or.jp/news/detail_282.html

３．アンケート結果の取り扱い

この調査を通じて貴大学より得る情報は、本調査においてのみ用いられ、統計的処理によって匿名性が保たれるようにします。ただし、2回目のアンケート調査実施後に、一部の大学には訪問調査を行う予定があり、その際の基礎資料とさせていただくことをご了承下さい。

この調査に関して、ご不明な点等ありましたら、kikaku@juaa.or.jp までご照会下さい。

以上、諸事ご多端の折まことに恐縮に存じますが、上記趣旨にご理解を賜り、本アンケート調査にご協力下さいますよう、何卒よろしくお願い申し上げます。

（連絡先）
大学評価・研究部　企画・調査研究系（田代、山口（豪））
〒162-0842
東京都新宿区市谷砂土原町2-7-13
電話：03-5228-2020　FAX：03-3260-3667
E-mail：kikaku@juaa.or.jp

わが国の大学における「内部質保証」の現況調査アンケート（第1回）
回答用紙（様式）

　以下の質問には、原則として、**現時点**の内容をお答え下さい。なお、Ⅲ～Ⅳは自由記述式の質問で、回答の文字数制限は設けておりません。

Ⅰ．大学名
（A）**大学名**：（　　　　　　　　　　　　　　　　　　　　　　　　　　）
（B）**設置形態の別**：次のいずれかに○を付して下さい。

　　　1．国立大学法人、2．公立大学、3．公立大学法人、4．私立、5．株式会社立

Ⅱ．大学の認証評価受審状況
　Q1．貴大学の直近における認証評価の受審状況をお伺いします。

（A）**直近の受審評価機関（機関別認証評価）**：次のいずれかに○を付して下さい。

　　　1．大学基準協会、2．大学評価・学位授与機構、3．日本高等教育評価機構

（B）**直近の受審年度（同上）**：西暦（　　　　　　　　　）年度

Ⅲ．「内部質保証」の現状
　Q2．貴大学では、「内部質保証」をどのようなものとして捉えていますか。貴大学が考える「内部質保証」を具体的に説明して下さい。

　Q3．貴大学では、お持ちになっている「内部質保証」の組織（例えば、学内委員会、「内部質保証」を支える事務組織若しくはその部署等）として、全学レベル及び部局レベルにおいて、それぞれどのようなものがありますか。その具体的内容を教えて下さい。また、全学レベルと部局レベルとの連携をどう図っていますか。

　　【全学レベル】

　　【部局レベル】

　　【全学レベルと部局レベルとの連携状況】

　Q4．Q2～Q3でご回答なさったことに関して、貴大学では、それらを実際に役立つものとするために、全学レベル及び部局レベルにおいて、それぞれどのような取り組みや工夫等を行っていますか。その具体的内容を教えて下さい。また、全学レベルと部局レベルとの連携をどう図っていますか。

わが国の大学における「内部質保証」現況調査
アンケート（第2回）実施要領

公益財団法人　大学基準協会
高等教育のあり方研究会
内部質保証のあり方に関する調査研究部会
部会長　早田幸政

1．アンケート調査の実施目的

　大学基準協会（以下、「本協会」という。）は、認証評価が第2期目となる2011（平成23）年度より、「内部質保証」を一層重視する方向へと大学評価の改革を行いました。この「内部質保証」を巡っては、国際的にも強い関心が払われ、わが国においてもその実質化を図っていくことがますます課題視されています。

　そうしたなかで、「内部質保証」の概念、構造を明確にし、それを本協会の大学評価に適切に活かすことを目的として、新たな調査研究に着手することとなりました。

　この調査研究の一歩として、全国の大学を対象に「内部質保証」の現況に関するアンケート調査を実施することといたしました。このアンケート調査は、2回に分けて実施しております。

　まず1回目のアンケート調査においては、「内部質保証」について、貴大学の考えや取り組み等を自由にお聞かせいただくことを目的に実施いたしました。つぎに2回目の本アンケート調査においては、大学の諸活動のうち、教育活動に焦点を絞って、貴大学における教育の「内部質保証」に関する取り組み等について、より具体的にお聞かせいただくことを目的に実施いたします。

2．アンケートの回答方法

　2回目の本アンケート調査は、教育の「内部質保証」について大学を代表して回答できる方にご回答をお願いいたします。

　回答方法は、別紙回答用紙の設問ごとに用意されている回答欄の中から、選択式項目は該当する箇所に番号を付していただき、自由記述式項目は該当する内容を回答用紙にご記入下さい。

　また、ご回答いただいた内容に関わり、確認のため本協会よりご連絡を差し上げる可能性があります。お手数ですが、アンケート末尾に回答者のご連絡先等もご記入下さい。

　ご回答にあたっては、本協会のホームページ（下記URL）に掲載している回答用紙の様式をダウンロードして、回答をご記入の上、2014（平成26）年4月18日（金）までに、回答用紙の電子ファイルをメール添付にて（kikaku@juaa.or.jp）までお送り下さい。

　URL：http://www.juaa.or.jp/news/detail_291.html

3．アンケート結果の取り扱い

　この調査を通じて貴大学より得る情報は、本調査においてのみ用いられ、匿名性が保たれるようにします。なお、2回目の本アンケート調査実施後に、一部の大学には訪問調査を行う予定があり、その際の基礎資料とさせていただくことをご了承下さい。

　この調査に関して、ご不明な点等ありましたら、下記連絡先までご照会下さい。

　以上、諸事ご多端の折まことに恐縮に存じますが、上記趣旨にご理解を賜り、本アンケート調査にご協力下さいますよう、何卒よろしくお願い申し上げます。

（連絡先）
大学評価・研究部　企画・調査研究系（山口（豪）、栗林）
〒162-0842
東京都新宿区市谷砂土原町2-7-13
電話：03-5228-2020　FAX：03-3260-3667
E-mail：kikaku@juaa.or.jp

わが国の大学における「内部質保証」の現況調査アンケート（第2回）　回答用紙（様式）

以下の点につき、ご記入もしくは該当する箇所に番号を付して下さい。
なお、以下の質問には、原則として、貴大学の学士課程における**現時点**の内容をお答え下さい。

Ⅰ．大学名

Ⅱ．教育の「内部質保証」の3側面

　　大学基準協会は、「内部質保証」を「PDCAサイクル等の方法を適切に機能させることによって、質の向上を図り、教育・学習その他のサービスが一定水準にあることを大学自らの責任で説明・証明していく学内の恒常的・継続的プロセス」と捉えています。

　　本アンケート（第2回）では、「内部質保証」の対象分野のうち「教育分野」に焦点を絞って、貴大学における**教育の**「内部質保証」に関する具体的な取り組み等を、「①教育プログラムレベル」、「②授業レベル」、「③機関（大学全体）レベル」という3側面に分類してお伺いします。

　　なお、ご回答にあたっては、教育の「内部質保証」について大学を代表して回答できる方が、ご回答できる範囲でお答え下さい。

（A）「教育プログラム」の検証

Q1．貴大学では、学士課程における「教育プログラム」である学士課程教育の内容を検証するための取り組みが、どの範囲において行われていますか。

　　本アンケートに言う「教育プログラム」とは、「学位（ここでは「学士」）を授与するために組織された教育課程」を意味するものとします（以下同様）。

　　1．全学的に行われている　2．およそ半数以上の学部・学科で行われている　3．一部の学部・学科のみで行われている

　　4．特別な取り組みは行われていない

Q2．Q1で、1、2、3のいずれかに回答された大学にのみ質問します。

　　貴大学では、「教育プログラム」を検証するために、どのような取り組みを行っていますか。

　　また、それらの取り組みによって、「教育プログラム」の見直しや改善が進みましたか。

　　以下の各取り組みのうち、前者の質問には【実施の有無】に該当する番号を、後者の質問には【改善への貢献】に該当する番号を、それぞれご記入下さい。

　　【実施の有無】「恒常的に実施している：1」「恒常的ではないが実施した：2」「実施していない：3」「把握していない：4」
　　【改善への貢献】「改善に非常につながった：1」「改善につながった：2」「改善につながらなかった：3」「判断できない：4」

①学生の学修経験の蓄積（学修ポートフォリオや学生カルテ等）に基づく検証	【実施の有無】
	【改善への貢献】
②学修評価の観点や基準（学修評価指標、ルーブリック等）の設定とその活用	【実施の有無】
	【改善への貢献】
③GPAデータの収集・分析	【実施の有無】
	【改善への貢献】
④シラバスの点検	【実施の有無】
	【改善への貢献】
⑤各種学生調査の実施	【実施の有無】
	【改善への貢献】
⑥卒業生に対するアンケートの実施	【実施の有無】
	【改善への貢献】
⑦雇用先アンケートの実施	【実施の有無】
	【改善への貢献】
⑧当該分野の専門家による外部評価	【実施の有無】
	【改善への貢献】
⑨その他	【実施の有無】
	【改善への貢献】

　　上記で、「⑨その他」を選択された場合は、その取り組みの具体的内容を、可能な限り、以下の回答欄にご記入下さい。

Q3．Q2の選択肢の中で、①～⑨に対して「改善に非常につながった：1」または「改善につながった：2」に番号を付した大学にのみ質問します。

　　それらの各取り組みによって、どのように「教育プログラム」の見直しや改善が進んだのか、可能な範囲で簡潔にご記入下さい。

　　【改善に（非常に）つながった事例】

（B）個々の「授業の内容・方法」の検証

Q4. 貴大学では、個々の「授業の内容・方法」を検証するための<u>組織的な</u>取り組みが、どの範囲において行われていますか。

    1. 全学的に行われている　2. およそ半数以上の学部・学科で行われている　3. 一部の学部・学科のみで行われている　4. 教員個々人に委ねている

Q5. Q4で、1、2、3のいずれかに回答された大学にのみ質問します。
　　貴大学では、個々の「授業の内容・方法」を検証するために、どのような<u>組織的な</u>取り組みを行っていますか。
　　また、それらの取り組みによって、個々の「授業の内容・方法」の見直しや改善が進みましたか。
　　以下の各取り組みのうち、前者の質問には【実施の有無】に該当する番号を、後者の質問には【改善への貢献】に該当する番号を、それぞれご記入下さい。

【実施の有無】「恒常的に実施している：1」「恒常的ではないが実施した：2」「実施していない：3」「把握していない：4」
【改善への貢献】「改善に非常につながった：1」「改善につながった：2」「改善につながらなかった：3」「判断できない：4」

①学生の学修経験の蓄積（学修ポートフォリオや学生カルテ等）に基づく検証	【実施の有無】	
	【改善への貢献】	
②学修評価の観点や基準（学修評価指標、ルーブリック等）の設定とその活用	【実施の有無】	
	【改善への貢献】	
③シラバスの点検	【実施の有無】	
	【改善への貢献】	
④授業評価アンケート結果の検証	【実施の有無】	
	【改善への貢献】	
⑤教員相互による授業参観の実施	【実施の有無】	
	【改善への貢献】	
⑥その他	【実施の有無】	
	【改善への貢献】	

※ なお、上記Q5の選択肢①〜③は、Q2の選択肢①②④と同じ表現ですが、Q2は、<u>「教育プログラム」</u>全体を検証するための取り組みを指し、Q5は、その要素である<u>個々の「授業の内容・方法」</u>を検証するための取り組みを指します。

上記で、「⑥その他」を選択された場合は、その取り組みの具体的内容を、可能な限り、以下の回答欄にご記入下さい。

Q6. Q5の選択肢の中で、①〜⑥に対して「改善に非常につながった：1」または「改善につながった：2」に番号を付した大学にのみ質問します。
　　それらの各取り組みによって、どのように個々の「授業の内容・方法」の見直しや改善が進んだのか、可能な範囲で簡潔にご記入下さい。

【改善に（非常に）つながった事例】

（C）学士課程教育の全学的検証

Q7. 貴大学では、貴大学における学士課程教育を<u>全学的観点（機関（大学全体）としての観点）</u>から検証するために、どのような取り組みを行っていますか。
　　また、それらの取り組みによって、貴大学における学士課程教育の見直しや改善が進みましたか。
　　以下の各取り組みのうち、前者の質問には【実施の有無】に該当する番号を、後者の質問には【改善への貢献】に該当する番号を、それぞれご記入下さい。

【実施の有無】「恒常的に実施している：1」「恒常的ではないが実施した：2」「実施していない：3」「把握していない：4」
【改善への貢献】「改善に非常につながった：1」「改善につながった：2」「改善につながらなかった：3」「判断できない：4」

①教育プログラムレベル・授業レベルにおける検証システムの有効性に関する全学的検証（メタ評価）	【実施の有無】	
	【改善への貢献】	
②学修評価の観点や基準（学修評価指標、ルーブリック等）の全学的な設定とその活用	【実施の有無】	
	【改善への貢献】	
③IRのための組織の活用	【実施の有無】	
	【改善への貢献】	
④教員を対象とした教育業績評価の実施	【実施の有無】	
	【改善への貢献】	
⑤教育開発やFDに関する専門家の配置	【実施の有無】	
	【改善への貢献】	
⑥学生からの組織的な意見聴取	【実施の有無】	
	【改善への貢献】	
⑦学外者からの組織的な意見聴取	【実施の有無】	
	【改善への貢献】	
⑧大学全体に対する外部評価	【実施の有無】	
	【改善への貢献】	
⑨その他	【実施の有無】	
	【改善への貢献】	

※ なお、上記Q7の選択肢②は、Q2の選択肢②及びQ5の選択肢②とほぼ同じ表現ですが、

　　　ここでは、機関（大学全体）としての観点から検証するための取り組みを指します。

　　　上記で、「⑨その他」を選択された場合は、その取り組みの具体的内容を、可能な限り、以下の回答欄にご記入下さい。

```

```

Q8. Q7の選択肢の中で、①〜⑨に対して「改善に非常につながった：1」または「改善につながった：2」に番号を付した大学にのみ質問します。
　　　それらの各取り組みによって、どのように、貴大学における学士課程教育の見直しや改善が進んだのか、可能な範囲で簡潔にご記入下さい。

　　　【改善に（非常に）つながった事例】

```

```

Ⅲ. 教育の「内部質保証」に関する課題と発展方策

（A）教育の「内部質保証」に関する課題

Q9. 貴大学が、教育の「内部質保証」に取り組んでいくうえで、現在生じている問題点（や困難な点）等があれば、その具体的内容をご記入下さい。

```

```

（B）教育の「内部質保証」に関する発展方策

Q10. 貴大学が、今後より発展的に教育の「内部質保証」に取り組んでいくために、貴大学としてお持ちになっている将来的な計画等があれば、
　　　その具体的内容をご記入下さい。

```

```

Ⅳ. 大学基準協会への期待・要望

Q11. 貴大学が、教育の「内部質保証」に取り組んでいくうえで、大学基準協会に期待・要望することがあれば、教えて下さい。

```

```

Ⅴ. 関連資料

　　　本アンケートに回答なさった貴大学の具体的な取り組み等を、大学基準協会が理解するにあたって参考となる資料
　　　（第1回現況調査アンケートですでにお送りいただいた以外の資料）があれば、下記アドレスまで電子データ（URLを含む）でご提供下さい。

Ⅵ. 回答者

回答者	お名前	
	所属・役職	
	連絡先電話番号	
	メールアドレス	

※ 教育の「内部質保証」について大学を代表して回答できる方にご回答をお願いします。

　　　　　　　ご協力ありがとうございました。大学基準協会あて（kikaku@juaa.or.jp）にご返信下さい。

執筆者一覧

永田恭介　Nagata Kyosuke
大学基準協会 会長　国立大学法人筑波大学長

___

早田幸政　Hayata Yukimasa
中央大学 理工学部 教授

___

田代　守　Tashiro Mamoru
大学基準協会 大学評価・研究部 企画・調査研究系職員

___

高田英一　Takata Eiichi
神戸大学 評価室 准教授

___

山本幸一　Yamamoto Koichi
明治大学 教学企画部 評価情報事務室 副参事

大森不二雄　Ohmori Fujio
東北大学 高度教養教育・学生支援機構 教授

江原昭博　Ehara Akihiro
関西学院大学 教育学部 准教授

原　和世　Hara Kazuyo
大学基準協会 大学評価・研究部 審査・評価系主幹

工藤　潤　Kudo Jun
大学基準協会 事務局長／大学評価・研究部長

あとがき

　大学基準協会は、第2期認証評価（2011年度〜）から内部質保証を重視する方向を打ち出した。その背景には、少子化に伴う学生獲得競争という環境下において、大学はより高質な教育の提供が求められていること、大学に対するアカウンタビリティが高まる中で、雇用適応性（employability）の観点から学生の学習成果の測定と大学教育の適切性の検証が求められていることなど外的要請が強まってきたことが挙げられる。もとより大学は自主的、自律的機関である以上、大学教育の有り様を自らの理念・目的に則して決定していくものであり、教育の水準と質の維持・向上に主体性をもって取組む内部質保証システムの構築とその機能的有効性の向上を目指すことは、大学に内在する責務からも当然求められるものであった。また、認証評価において内部質保証を重視する方向は、「大学の自律性を尊重しながら自身の手でその質保証を行うよう求める」大学基準協会の伝統的姿勢とも合致していたのである（本書早田論文11頁）。こうした大学基準協会が目指す大学評価に係る方向は、大学の質の保証においては大学自身が第一義的責任を果たすべきという考え方が主流となっている国際的動向とも一致するものである。

　大学基準協会はこうした新たな評価システムをスタートさせたものの、2011年度〜2014年度の認証評価結果を見ると、約3割強の大学が内部質保証において問題点（勧告又は努力課題）の指摘を受けていた。大学基準協会が意図する内部質保証が各大学において十分実現されているとは言い難い状況にあったのである。これは、大学の内部質保証への取組内容にのみ起因するものではなく、認証評価機関として最初に内部質保証を取り上げた大学基準協会側の説明不足にもその一因があったのかもしれない。

　そこで、内部質保証のより具体的なあり方を示すハンドブック的な資料が必要だということから、大学基準協会内に「高等教育のあり方研究会 内部質保証のあり方に関する調査研究部会」を設置して内部質保証のあり方を検討し、その成果を『内部質保証ハンドブック』（2015 年 8 月刊行）にまとめた。このハンドブックは、大学基準協会の理事会の承認を経て刊行している点から、大学基準協会の公式な見解という側面もある。しかし、ハンドブックの作成に向けた検討会議では、この作成に関わった委員の方々のパワフルかつ大胆な意見が示されたものの、ハンドブックは結果的に「角をとって丸くした」感は否めないものとなった。むしろ、同部会の議事録を読んだ方が、読者の琴線に触れ内部質保証の理解が促進されるかもしれない。

　こうした思いを募らせていくうちに、このハンドブックの作成に関わった部会委員の個人的思いを反映させた、かつ、より踏み込んだ内容の論考を収録した『内部質保証ハンドブック』の解説書を作成することは、内部質保証のあり方の理解の促進に貢献できるのではないかと判断し、本書の出版を企画することとなった。そして、執筆にあたっては、各執筆者の大学での立場や組織での役割等に応じて、それぞれ固有の視点を持って自由に執筆いただくこととし、本書の完成に至った。

　本書の刊行にあたり、部会主査で本書の企画編集を主導していただいた早田幸政先生（中央大学）、また、多忙の中で執筆していただい江原昭博先生（関西学院大学）、大森不二雄先生（東北大学）、高田英一先生（神戸大学）、山本幸一先生（明治大学）の各氏に対してあらためて感謝を申し上げたい。また、大学基準協会は、必ずしも多くないスタッフのもとで多様な業務に

取り組んでいるが、大学評価・研究部の田代守、原和世は、日々の業務が立て込んでいる中で時間を見つけて執筆していただいた。あらためて感謝したい。

　最後に、出版事情の厳しい状況下において本書出版をご快諾くださった株式会社エイデル研究所代表取締役の大塚智孝氏、常日頃から我が国の大学教育のあり方に関心を持ち、ともに議論している大塚孝喜氏、そして、本書の編集を務めていただくとともに、編集会議で最後まで貴重な意見を提示していただいた熊谷耕氏に、この場を借りてあらためてお礼を申し上げたい。

2017（平成 29) 年 1 月

公益財団法人大学基準協会

事務局長　工藤潤

> 追記
>
> 　大学基準協会は、第 3 期認証評価に向けて、2016 年 5 月、「大学基準及びその解説」（2018 年 4 月 1 日施行）を改訂した。本書の早田氏、高田氏及び江原氏の論文は、第 2 期認証評価で用いている現行の「大学基準及びその解説」に基づいて記述されていることを付言する。

内部質保証システムと認証評価の新段階
大学基準協会「内部質保証ハンドブック」を読み解く

2017 年 3 月 17 日　初刷発行

企　画■公益財団法人 大学基準協会
編　著■早田　幸政／工藤　潤
発行者■大塚　智孝
発行所■株式会社 エイデル研究所
　　　　　　〒 102-0073　東京都千代田区九段北 4-1-9
　　　　　　TEL.03-3234-4641／FAX.03-3234-4644
装丁・本文 DTP ■大倉　充博
印刷・製本■中央精版印刷株式会社